一本书读懂
优势谈判
心理学

商　亮◇著

中国国际广播出版社

图书在版编目（CIP）数据

一本书读懂优势谈判心理学 / 商亮著. -- 北京：
中国国际广播出版社, 2019.4
ISBN 978-7-5078-4450-4

Ⅰ.①一… Ⅱ.①商… Ⅲ.①谈判学－社会心理学－
通俗读物 Ⅳ.①C912.35-49

中国版本图书馆CIP数据核字(2019)第055662号

一本书读懂优势谈判心理学

著　　者　商亮
责任编辑　杜春梅
版式设计　华阅时代
责任校对　徐秀英

出版发行　中国国际广播出版社［010-83139469　010-83139489（传真）］
社　　址　北京市西城区天宁寺前街2号北院A座一层
　　　　　　邮编：100055
网　　址　www.chirp.com.cn
经　　销　新华书店
印　　刷　三河市宏顺兴印刷有限公司

开　　本　880×1230　　1/32
字　　数　180千字
印　　张　8
版　　次　2019年6月　北京第一版
印　　次　2019年6月　第一次印刷
定　　价　42.80元

CRI
中国国际广播出版社
欢迎关注本社新浪官方微博
官方网站 www.chirp.cn

序

赢在谈判桌上

无论是否愿意，在现实生活和工作中，你我其实都是一名谈判者。从某种程度上说，成功的社交都离不开谈判，因此，你我皆置身于社会的谈判桌上。谈判是我们无法逃避且倏忽不离的合作韬略、竞争技能和生存手段。有些时候我们在不知不觉中就进入了与他人的谈判模式，不是他说服了你，就是你说服了他。

有很多谈判并不一定都是在正式场合中进行的。生活和工作中的大事小事都有谈判的意义蕴藉其中，只要是彼此达成一致的事情，都是谈判从中发挥了作用，这就使得人们对日常生活中发生的很多谈判事件因习以为常而变得不以为然了，其实，对任何一次谈判来说，要谈出好的效果并不是一件很容易的事。原因在于大多数人并不真正懂得谈判之道。

从心理层面上讲，谈判可以说是一场人与人之间的心理游戏，在这场游戏里，要学会如何在瞬间把话说到对方的心坎上，如何给对方施加影响，如何攻克对方的心防，还要知道何时应该不遗余力，奋力争取，何时妥协退让，接受现实。

总之，谈判中要努力了解并掌控谈判对象的内心所思所想，然后步步为营，给对方施加心理影响，引导对方做出有利于己方的决策，赢得谈判。

美国前国务卿基辛格一次主动为一个老农的儿子说媒。他对老农说："我给你的儿子物色了一个妻子。"老农很憨厚，说："可是我从来不干涉我儿子的事。"基辛格说："可这个姑娘是罗斯切尔德伯爵的掌上明珠。"老农迟疑了一下说："哦，这样的话，倒是可以……"

基辛格又去见罗斯切尔德伯爵，说："亲爱的罗斯切尔德伯爵，我为您的掌上明珠物色了一个好丈夫。" 罗斯切尔德伯爵有些为难，说："可是我的女儿还有些年轻。"基辛格立即说："可对方是世界银行的副行长。" 罗斯切尔德伯爵没有思索："哦，既然这样，倒是可以……"

基辛格又来找世界银行的行长："我为您物色了一位合格的副行长。"世界银行的行长回应："可是我们现在没有副行长的职位。"基辛格马上说："可这小伙子是罗斯切尔德伯爵最宠爱的女儿的丈夫。"如基辛格所料，世界银行行长没有迟疑，也是说了一句："既然这样……"

于是，这个老农的儿子摇身一变成了欧洲最有名望的银行家罗斯切尔德伯爵的女婿，同时，还成为了世界银行的副行长。

基辛格缘何能完成这件在我们看来几乎不可能的事，就在于他深谙谈判对象的心理，在谈判中巧妙施加影响，最终引导对方做出决定。

本书从十一个方面，多维度、深层次挖掘谈判的心理和艺术属性，洞悉谈判背后的技巧和套路。无论你是一名谈判新手，还是谈判老手；也无论你是一名大学生，还是一位家庭主妇，你都可以从本书中学到实用的谈判知识，帮助你与人沟通，与人谈判！

目录

第一章　建立心理优势，营造利己开局气场

第二章　知己更要知彼，了解底线掌握谈判主动

第三章　谈判初接触，留下好印象

第四章　端正谈判态度，找到利益平衡点

第五章　给人说话机会，在倾听中奠定情报优势

第六章　捕捉对方微动作，洞察变化背后的意图

第七章　加强心理诱导，潜移默化影响对方

第八章　妙用谈判策略，在套路上完胜对手

第九章　抓住痛点反击，突破对方心理防线

第十章　软招硬法齐出，破除困境化解僵局

第十一章　做个不情愿的买主，让对方获得心理平衡

第一章

建立心理优势，营造利己开局气场

同空气一样，气场虽然也是无形的，但却可以影响到周围的人。事实证明，你的谈判气场有多强大，你就会有多强悍。

选择对自己有利的地点和时间

谈判有道

谈判的地点和时间是不能随便定的，要想一开始就获得心理优势，就要巧妙安排时间和地点，让它们成为自己的“同伴”，协力使对方处于劣势之中。

研究表明，人类与其他动物一样，对地点有一种很强的“领域感”，即在自己的领域内，心情放松，神态安然，能力发挥正常，甚至超常，因此谈判时，特别是很正式的谈判，地点要尽可能选在己方所在地，这样谈判时不需要耗费较大的精力去适应新的地理环境、社会环境和人文环境，可以把精力集中用于谈判，这也就是所谓的占据“主场优势”。

实际上，在己方领地谈判，好处除了上面所说的以外，还有很多，比如可以随时向高层领导和有关专家请示、请教，获取所需要的指示、资讯和专业知识；可以从文化习惯、心理上对对方产生潜移默化的影响，能够更加主动，甚至游刃有余地处理谈判各项事物；还可以免除奔赴异地的旅途疲劳，以逸待劳，以更加饱满的精神和充沛的体力参加谈判。

这些有利条件如果利用得恰到好处，显然会增强谈判人员的信心，让谈判在开局阶段向有利于自己的方向发展。

如果在对方地点谈判，则有利有弊，有利之处在于可以全身心投入谈判中，避免来自公司、家庭等方面的干扰。还有，远离了领导，谈判人员可以更好地发挥主观能动性，减少依赖性。另外，条件许可的话，可以进行实地考察，更方便地获取第一手资料。

异地谈判的不利之处在于有的时候缺少信息、技术等的必要支持，遇到难题时也不易及时与相关人员交流沟通；需要适应异地的气候环境、社会环境和人文环境。另外，在谈判场所和谈判日程的安排上，要听从对方的安排，处于被动地位。

有些大型谈判，在双方所在地交叉谈判。这种形式的谈判，好处在于方便谈判双方对对方公司进行实地考察，增进彼此的了解和加强彼此信任度。不好的地方在于这种形式的谈判时间长、费用相对较高，牵涉的精力也较多。

还有一种谈判地点的选择，那就是在第三地谈判，即在除双方外的地点谈判。这对双方来说是平等的，双方谁也不是东道主，无主客场的优劣。好处在于让对方感觉彼此是平等的，可以有效缓和关系，促成双方寻找共同的利益平衡点。不好的地方在于需要为选择合适的第三方谈判地点劳心费事，搭时间、搭精力。

至于选择什么地方谈判，需要根据实际情况决定，要兼顾谈判的性质、谈判对手的情况，以及对谈判走向的预估等各项要素，总之，谈判地点的选择既要有利于自己，又要有利于对方，还要有利于促成双方合作。

谈判时间的选择也是很有讲究的，通常谈判时间包含三个关键时间：开局时间、间隔时间、截止时间。

（1）开局时间

谈判的开局时间，即什么时候开始谈判，很关键，也很有讲究，它选择是否合适，很多时候，对谈判结果有较大的影响。

通常来说，确定开局时间需要兼顾这些因素：准备情况，包括资料、信息、人员的准备；己方谈判人员的情绪状况。谈判需要高度集中精力，劳心费事，所以尽量不要在己方谈判人员身体不适、精神不佳的情况下进行；对手的情况。尽量不要在对方状况明显不佳时催促对方谈判，那样会招致对方的反感，不利于达成交易。

（2）间隔时间

稍微复杂些的谈判都不是一次性完成的，可能需要二次、三次，甚至更多次的磋商。在这次谈判和下次谈判之间通常要安排一段暂停时间，目的是让双方的谈判人员得到休息，缓和紧张气氛，这段暂停时间就是谈判的间隔时间。

要充分利用谈判的间隔时间，根据实际情况，或者放松身心，调整状态；或者趁机搜集更多的谈判信息，提高谈判胜算；或者找机会与对方谈判人员接触，做谈判桌外的“公关”。

（3）截止时间

谈判的截止时间即谈判的结束时间。通常，谈判的结果是在结束谈判的前一点点时间形成的。如何在谈判最终结果出来后结束谈判，进一步说，如何把握截止时间去获取谈判成果，需要根据具体情况决定，不能一概而论。

总之，谈判的地点和时间是不能随便定的，要想一开始就获得心理优势，就要巧妙安排时间和地点，让它们成为自己的“同伴”，协力使对方处于劣势之中。

谈判应坐到什么位置上

谈判有道

正式谈判，对具体落座有着很严格的要求，讲究很多，不能弄错。

谈判是交往的一种特殊形式，所以谈判带有一定程度的严肃性。正式谈判，对具体落座有着很严格的要求，讲究很多，不能弄错。总体来说，座次以右为尊，谈判者身份、地位高的坐右边，身份低者坐左边。

谈判通常可分为两种基本情况，一种是双边谈判，另一种是多边谈判。座次安排的讲究分别就这两种基本情况阐述。

双边谈判，即谈判分两方。这种谈判形式最为常见。通常的座次安排有两种形式：第一种为横桌式。横桌式座次排列，是谈判桌在屋内横放，谈判客方人员面对着门而坐，主方人员背着门而坐。双方主谈者居中就坐，其他谈判人员依照具体身份，各自先右后左、自高而低分别在己方一侧落座。双方主谈者的右侧之位，如果不需要翻译，则由副手占据。如有翻译，则由翻译占据。

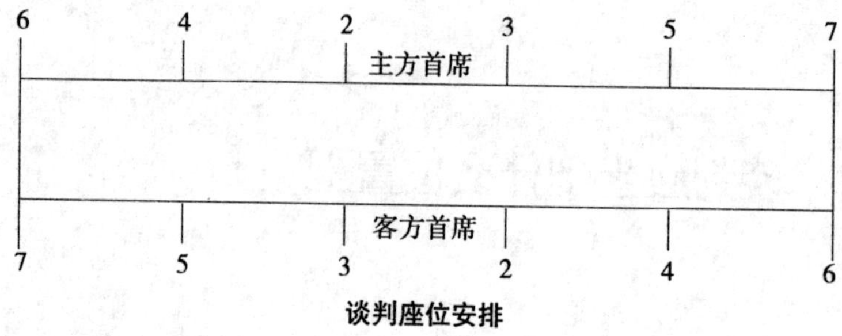

谈判座位安排

第二种为竖桌式。竖桌式座次排列，谈判桌在屋内竖放。排位以进门时的方向为准，客方人员占据右侧的位置，主方人员占据左侧位置。

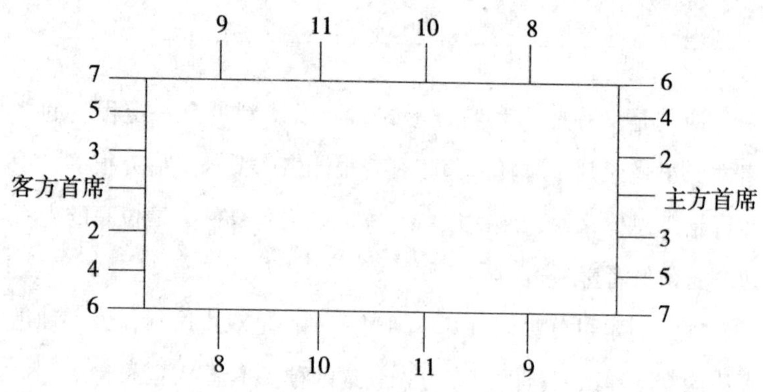

多边谈判，即谈判方为三方或三方以上。多边谈判的座次排列也可分为两种形式，一种是自由式，一种是主席式。自由式落座很好理解，就是谈判时各方自由落座，不用按照什么次序就坐。主席式落座，就是在面向谈判室的正门设置一个主席位，各方代表发言时，可在主席位落座。除主席位外，其他座位背对正门、面向主席位。各方代表发言后，遂从主席位回到自己原先的位置就坐。

谈判桌有长方形、圆形和方形之分。通常情况下，比较大型、重要的谈判，谈判桌多选准长方形的，双方代表各在一面落座。如果谈判规模较小，或双方人员很熟悉，可以选择圆形谈判桌，双方团团落座，给人一个双方关系融洽、共同合作的印象，同时还方便彼此交谈。

谈判座次的安排还涉及签字仪式时的位次排列。通常大型谈判协议达成都要有一个签字仪式，这是对谈判成果的一种公开化、固定化，也体现了谈判各方对此次谈判成果的重视和承诺。通常情况下，签字仪式的座次排列有三种形式：并列式、相对式、主席式。

并列式座次排列是签字仪式最常见的形式，具体形式是签字桌在室内面对着门横放，谈判双方出席签字仪式的人员在签字桌后并排就坐。签字人员居中，面向门，主方在左面，客方在右面。

相对式座次排列与并列式座次排列有很大的相似度，不同的是，相对式座次排列将双方出席签字仪式除签字人员外的人员移到签字人员的对面就坐。

主席式座次排列是多边谈判签字仪式的主要形式，具体形式是：面对正门设一个签字席，不固定就坐者。仪式开始后，各方出席签字仪式的人员背对正门、面向签字席就坐。签字时，各方签字人员以事先说好的先后顺序，依次走上签字席就坐签字，签好后，退回原位就坐。

谈判布局，要“设置”出高度

谈判有道

谈判布局很重要，它“设置”得是好是坏，是高是低，直接影响后续的谈判节奏和进度。

很多人对谈判的研究，多着眼于谈判交易过程上，可是无论你在谈判桌上做得多么正确，只要你的谈判布局不对路，就必然要影响到你的谈判结果。

这里说的谈判布局指的是对谈判过程的策略规划。谈判布局很重要，它“设置”得是好是坏，是高是低，直接影响后续的谈判节奏和进度，所以要了解谈判布局的结构。

可从下列六个方面进行谈判布局：

（1）确定谈判议题

确定谈判议题就是将某次谈判的目的、范围、策略方向确定出来。所以，确定议题的好处是避免正式谈判时没有中心，东拉西扯，同时可以限制双方谈判人员情绪化谈判，扰乱正常谈判的节奏和进程，利于促进谈判成果的发展。谈判议题不是凭空拟定或单方面的意愿，它必须是与各方利益需要相关，为各方所共同关心，从而成为谈判内容的提案。

确定谈判议题，需要明确己方要提出哪些问题，要就哪些问题进行磋商。要把所有问题全盘进行比较和分析：主要议题有哪些，要列入重点讨论范围；哪些问题是非重点问题；哪些问题可以忽略。还要知道，这些问题之间是什么关系，在逻辑上有什么联系；预估谈判对象会提出什么问题，己方要对哪些问题认真对待并要全力解决；对哪些问题可以根据情况做出妥协；哪些属于原则问题，不能给予让步，等等。

（2）选择谈判时机

除了要创设、寻找那些有利于自己的谈判契机，比如说市场形势有利于自己、政策法规有利于自己外，选择谈判时机时也要兼顾一些个人因素，以增大谈判的胜算，比如紧张工作后，人的思维处于停滞、疲倦状态，这个时候谈判显然是不适宜的，所以要避免在连续紧张工作后谈判。同时，还要避免在身心状况不佳时进行谈判，因为这个时候谈判很难使自己的状态达到一个良好的情况。

（3）设定谈判环境

最主要的谈判环境就是谈判的地点。要尽可能利用“场地优势”创造利己的谈判形式。通常情况下，熟悉的、轻松的地点有利于谈判者发挥个人能力，而陌生、压抑的环境会无形中给人带来压力，所以，可能的话，要选择自己熟悉，让自己轻松的谈判地点。

（4）确定谈判人选

谈判人员的组成应根据谈判内容和和重要性而定，不同的谈判内容，程度不一的重要性，都影响并决定谈判人员的选择。通常要本着谈判人员的知识结构能够满足谈判内容的准则来选择谈判人员。另外，谈判人员的选择还应考虑到谈判的连续性。如果某些人员已与对方打过交道，并且双方关系良好，那么要优先考虑选择这些人员参与谈判。

最终选出的谈判人员组合，要在性格、气质、能力以及知识方面应优势互补，形成群体优势，这样的谈判团队才会有效地团结一致，形成强有力的谈判力。

（5）研究对手资情

正所谓“知己知彼，百战不殆”，只有了解了“敌情”，才不会盲目作战，所以对谈判对手的调查了解是十分有必要的，它包括对谈判对手所代表的公司或委托人的情况了解，也包括对谈判者个人性格、谈判作风、谈判习惯等的了解，并在此基础上制定好应对之策。

（6）制定谈判策略

有效的谈判策略可以让谈判变得富有条理性和方向性，会增大自己取胜的信心，所以谈判策略的制定十分关键。制定谈判策略要建立在知己知彼的基础上。

正所谓，知人者智自知者明，在谈判前要明确自己的谈判目的是什么，搞清楚自己的优势和劣势，自己有多少谈判筹码可以利用，然后根据自己的实际情况设定自己的最优、次优、最差谈判方案。

谈判桌上的谈判战术和人际技巧，固然可以影响谈判结果，但是谈判桌外的谈判布局才塑造了谈判者们决定战术和人际动作所处的环境，它们才是真正的决定谈判结局的因素。因此，一定要重视对谈判布局的研究，根据实际情况做出稳妥安排。

在气势上压倒你的对手

谈判有道

当己方处于优势时，要毫不犹豫地首先报价，在气势上压倒对方，利用对方的弱点迫使其就范。

作为谈判人员，你不得不知道的一个单词词组叫做“power play”，这个单词的意思就是气势的表演，说得更加通俗一些就是在谈判的过程要充分运用自己的气势，首先在气势上压倒对方。气势胜过了对方，你才能成为主宰谈判的那个人。否则，你就只能是被宰割者。

这个道理是很简单的，想象一下为什么学生会害怕老师？除了年龄、经历的因素外，很大程度上取决于老师的气势。老师在学生眼中是气势强大的代名词，学生在老师面前容易恐惧、紧张，这就是气势的威慑力。在谈判中也是如此，有的时候，单靠语言已经不能达到谈判的目的，那么气势的作用就不可小觑了。

推销工作也是一样的道理。在推销过程中，在未能吸引准客户的注意力之前，推销员都是被动的。当你的客户越冷淡的时候，你就越以明朗、动人的笑声对待他，这样一来，你在气势上就会居于优势，也就很容易击败对方，说服客户购买你的产品。

一位国际谈判大师这样说：当己方处于优势时，要毫不犹豫地首先报价，在气势上压倒对方，利用对方的弱点迫使其就范；而当处于劣势时，则严守谈判“腹稿”，把精力集中在试探对方的真实意图，通过讨价还价和据理力争，尽可能争取更多的利益。不到万不得已，决不亮出己方的底牌。

世界著名的销售大师原一平能根据客户的不同性格巧妙地在气势上压倒对方，取得谈判的主动权。

有一次，原一平去拜访一位性格孤傲的Y先生。由于他性格古怪，所以尽管原一平已访问了3次，并不断地更换话题，可是Y先生仍然毫无兴趣，反应冷冰冰的。

到了第3次拜访，原一平觉得有点不耐烦，所以讲话速度快起来。Y先生大概因为他讲得太快，没听清楚。

他问道：“你说什么?”

原一平回了句：“您好粗心。”

Y先生本来脸对着墙，听到这一句之后，立刻转回身来，面对着原一平。

“什么!你说我粗心，那你来拜访我这位粗心的人干什么呢?”

“别生气!我只不过跟您开个玩笑罢了，千万不能当真啊!”

“我并没有生气，但是你竟然骂我是个傻瓜。”

“唉，我怎么敢骂您是傻瓜呢？只因为您一直不理我，所以才跟您开一个玩笑，说您粗心而已。”

“伶牙俐齿，够辛辣的了。”

“哈哈哈!”

虽然气势强大可以帮你取得谈判的主动，但是在销售中的危险性却很大，除非有十足的把握，否则最好不要轻易使用。因为过于强大的气势容易伤害对方的自尊心，使对方失去继续和你谈判的兴趣，最后导致满盘皆输。

谈判对象不一，怎样保证在谈判中始终保持自己的气势呢?如果是和自己实力差不多的对手，那就要在谈判的时候仔细观察对方的表情、服装等，从中找出缺点，然后针对对方的缺点，制定出更胜一筹的计策，以此在心理上壮大自己的信心，提升自己的气势。

此外，还有很多方法帮你在气势上压倒对方，比如开口说话声音洪亮，就不会在谈判中怯场；在穿着上干净体面也会使自己信心大增；如果遇到了不愉快的事情，千万要马上调整自己的心态，保证自己的心情愉快，不要影响自己的气场。

实际上，对自己气势的把握也就是对自己情绪的把握，情绪控制好了，才能在细节上下工夫，提升自己的气势。归根结底，要学会掌控自己的情绪，才能做到在气势上压倒你的对手，将谈判的局面掌握在自己的手里。

别让坏情绪毁了你的形象

谈判有道

谈判中，面对各种突发状况，如果能迅速调节好自己的心情，始终保持一个积极的心态，就会无形中增强我们的人格魅力和气场。

生活中遇到不顺心的事情，有些人会勃然大怒，这反而导致问题越来越糟，有些人却能化愤怒为平静，最后顺利地解决问题。可见，在这个每天都很繁忙的社会中，如果能够学会调节自己的心情，始终保持乐观的生活态度，才能灵活自如地应对各种复杂的关系。

好的心情就像是润滑剂，能让你的人际交往更加顺利。在谈判中，面对各种突发状况，如果能迅速调节好自己的心情，始终保持一个积极的心态，就会无形中增强我们的人格魅力和气场。

麦当劳公司创始人雷蒙·克罗克曾说过：“我学会了如何不被难题压垮，我不愿意同时为两件事情操心，也不让某个不管多么重要的难题，影响到我的睡眠，因为，我很清楚，如果我不这样做，就无法保持敏捷的思维和清醒的头脑对付第二天早晨的顾客了。”

因此，想要拥有好人缘，以及融洽的关系，你就要善于调节心情、释放不良情绪，保持内心的积极、乐观。这样的人在交往中会带给人最鲜活乐观的一面，所以他们往往给人战无不胜的印象。

一个年轻人需要更换他的电子记事簿里的电池。他给一家商店（无线电音响城）打电话，那里的店员要了他的电话号码，说会给他回电话。一小时以后，那位店员还没有回复他电话。因为一直没收到回复电话，他很生气，于是就乘公交车去了无线电音响城。

他走近柜台，向两位店员中的一位说要买这种电池。就在离柜台很近的地方，电池很快就被找到了。他就问刚才电话接待他的另外一位店员，为什么没有给他回电话。

这个年轻人被告知店里很忙。于是他问那位店员：“你会拿销售佣金吗？”“当然拿。”店员告诉他。年轻人语气强硬地说道：“那么，我希望这些电池能折价卖给我。我要你的佣金。”这两位店员说他们不可能那样做。年轻人提出要见他们的经理。店员告诉他今天经理不在。年轻人又说：“那告诉我你们经理的名字。”

店员交给他一张经理的名片，他看了看那位没有回复他电话的店员的胸卡，把这位店员的名字写在了名片的背面。年轻人说：“我现在不买这些电池了！”说完，他就迅速转身离开了这家商店。

他很生气地又乘车回到公司，拿出电话本想找经理投诉。在黄页里他看到了“百思买”商城的电话，这是一家新开的店，就在无线电音响城的对面。这家新店让他忘记了刚才的一切。他浏览了“百思买”的网站，看到这家店里有他想要的那种锂电池。最后他乘同一路公交车回到刚才那里。最后，他在“百思买”购买了他需要的那种电池。

是什么让这位年轻人没能在第一家音响城购买到自己需要的电池呢？又为什么他没有在第一家出来后去对面的“百思买”逛逛呢？很显然，是愤怒和不满的情绪控制了他的思维，他当时的头脑里充斥着向经理投诉那位店员的事情，已经没有心思考虑自己的电池问题了。

可见，带着情绪谈判是影响多么坏的事情。正所谓心态好，运气就好。那怎样学会控制自己的情绪，调节自己的心情呢？

首先，要学会在遇到突发事件的时候保持平静的心情，只有心情平静才能保证头脑的清醒。当你快要愤怒的时候，默默地在心里告诉自己“不要生气”，“你还有更重要的事情要做”，久而久之，你就会养成这个自我提醒的好习惯。

谈判中，谈判双方往往都会为自己争取最大的利益，就难免会出现唇枪舌剑、左右冲突。而这是十分不明智的，在激烈的谈判中，双方很容易陷进辩论中导致头脑的不清醒，影响谈判的结果。而心平气和却往往能使僵持的谈判发生转机，这在以价格为中心的谈判中更为常见。

其次，要练习每天结束的时候试图让自己的心情归于平静，试着在每天晚上躺在床上的时候审视今天的自己。你可以学着做深呼吸，在只有自己呼吸声的空间里放空自己，让今天的自己归于一张白纸。

此外，要学会全面观察问题，在谈判中经常会跟对方存在意见分歧，那就要从多个角度、以多种观点审视问题，避免过于偏激的想法，这样得出的判断才是最正确的，才能找到最能说服对方的理由。

最后，人不可能总是保持良好的心情，在遇到不愉快的事情影响到情绪的时候就要寻找方法将不好的情绪发泄出去，可以找人倾诉，可以听音乐，可以看书，可以运动，不管采取哪种办法，只要有利于调节情绪，都不妨采用。

自信，对谈判到底有多重要

谈判有道

在谈判的开局阶段，要利用心理暗示力量，提高自己对谈判的信心，同时营造出强大的气场，潜移默化影响对方，让谈判形势有利于自己。

早在19世纪，思想家爱默生就说："自信是成功的第一秘诀，谁相信自己的能力，谁就能征服世界。如果连自己都不相信自己能做好这件事，那么又如何能让别人对你有信心呢，又如何获得成功呢！"

事情往往是这样：在想干好某件事情前，内心给自己一个鼓励："我有能力做好这件事""我一定可以取得成功"，然后自信满满地勇敢前行，并一直坚持下去，其结果往往是令人满意的。

从心理学上看，自信心可以构成一种心理暗示，这种心理暗示被称为自我心理暗示。自我心理暗示有消极和积极之分。显然，积极的自我心理暗示可以催生出昂扬的精神气势，营造出强大的气场，必然有助于推进事情向前。

显然，谈判的自信也在这个范畴中，并受这个规律所左右。

在谈判的开局阶段，要利用这种积极的心理暗示力量，提高自己对谈判的信心，同时营造出强大的气场，潜移默化影响对方，让谈判形势有利于自己。

谈判中的自信不是盲目的，更不是空穴来风，想来就来的，它是有所依仗的，它通常来源于以下三个方面：

（1）思维的独特性

思维的独特性会让你具有与众不同的见解或谈判技巧，正所谓险峰出风光，剑走偏锋，才能出奇制胜，也才会让你对谈判有着超乎寻常的自信。

（2）积极乐观的态度

谈判充满变数，很多谈判往往就因为一个小小的问题而功败垂成，这就要求谈判者不屈不挠，有超强的耐心和毅力，有积极向上的乐观态度，才能经受住考验。反之来看，有着这些特点的谈判者，往往都是充满自信的人。

（3）坚实的知识积累

一方面是要具备广博的综合知识，另一方面要具备很强的专业知识。谈判涉及很多方面的知识，综合性比较强，如果具备综合性知识，会让你不至碰到毫不了解的东西。谈判中，与谈判相关的专业知识更是谈判者所要具备的。不具备相关领域的知识，如何能与对方很好地进行交流沟通，又如何能达成令人满意的协议。

研究表明，一个高明的谈判者通常需要在这三方面有高水平的发挥，一是态度；二是过程；三是行为。在态度方面，高明的谈判者能同时掌控自己和对手的谈判态度。在过程方面，他们可以掌控谈判的各个阶段。在行为方面，他们能同时理解并掌握自己和对手的谈判行为。实际上，这三方面也构成了谈判的一个完整框架。

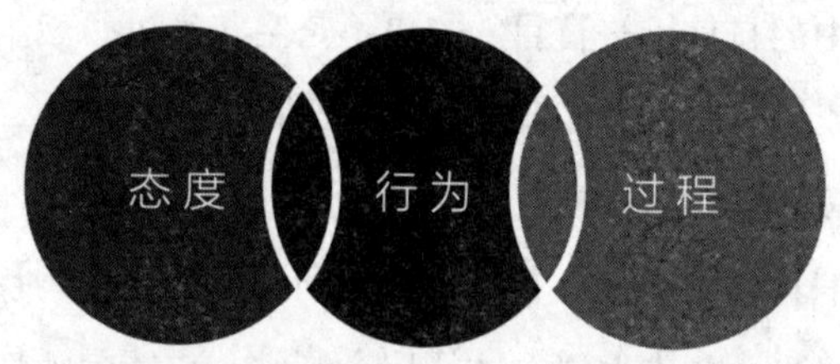

其中，谈判的态度影响到谈判的行为，而这两者又一起影响到谈判的过程，因此，这三者是相辅相成的，配合得好，相得益彰，配合得不好，相互影响。也可以说，谈判者的自信即来自对这三方面的完美掌控。

谈判者有了对这三方面掌控的自信，就会有底气与对手接触，而不必过多地担忧谈判的具体条款。比如说，一次主要就价格和还款周期进行的谈判。虽然谈判双方的对话多数是围绕着相关条款进行，但是如果你能做到把正确的态度带到谈判桌上，有效地控制谈判的进程，并掌控自己和对方的谈判行为，那么你就不必过于担忧你们所要谈的这些条款。它会以一个令人能接受的状态出现的，这就是自信带给你的好处。

信心，是我们从事一切活动并取得成功的必备的心理要素。没有信心的成功是偶然的，有了信心，成功才会经常光顾，成为常客。谈判者要想成为谈判桌上的常胜将军，就必然要先把自己锤炼成一个自信的人。

第二章

知己更要知彼，了解底线掌握谈判主动

谈判的过程与其说是一个相互讲道理的过程，还不如说是一个双方用各自的资讯信息影响对方的过程。了解你的谈判对手，你就看到了谈判结果。

尽可能多地了解你的对手

谈判有道

谈判，要想占据主导地位，充分发挥己方优势，首要的一点是要能够做到对对方有充分的了解，只有对谈判对手有了充分的了解，才能够制定出正确的谈判计划。

培根在《论谈判》中说："与人谋事，则需知其习性，以诱导之；明其目的，以劝诱之；知其弱点，以威吓之；察其优势，以钳制之与奸猾之人谋事，唯一刻不忘其所图，方能知其所言；说话寡少，且须出其最不当意之际。于一切艰难的谈判之中，不可存一蹴而就之想，唯徐而图之，以待瓜熟地落。"

培根的这段论述说明了谈判前准备工作的重要性，不言而喻，谈判前的准备工作是十分必要且有重大意义的，毕竟，有的放矢，才会提高射中的几率。

同时，谈判前将准备工作做好了、做周全了，才能增强谈判的信心，也才能在谈判中从容应对，增大胜算。精明的谈判者都有这个意识。

哈佛谈判项目的研究者曾做过这样一个假设性的谈判案例：

一位有钱的游客在孟买火车站相中了一个小铜壶，他想以较低的价格将这个小铜壶买下。虽然游客很富有，而且是购买一方，但是这丝毫都没有增加他的谈判优势。为什么？原因很简单，只因为游客不了解谈判对手——小商贩的信息，还有铜壶的成本，以及如果不在这里买，还能到哪里能买到。相反，小商贩却处于谈判的优势地位，因为他了解谈判对手的信息，对附近铜壶市场的行情了如指掌，他还知道即便眼前这位有钱的游客不买他的小铜壶，他也可以把小铜壶卖给其他游客。

这种情况下，游客很尴尬，只有两个结局，要么不购买铜壶，放弃心爱之物，要么听凭小贩要价，高价买走小铜壶。

在这个案例中，游客之所以处于谈判的下风，回击无力，主要的原因就是对谈判对手信息掌握得少，致使处处被动，影响了谈判的进展和成果。

谈判，要想占据主导地位，充分发挥己方优势，首要的一点是要能够做到对对方有充分的了解，只有对谈判对手有了充分的了解，才能够制定出正确的谈判计划，实施正确的谈判策略，正所谓知己知彼，百战不殆。

《孙子兵法》上有一句话："知彼知己，百战不殆；不知彼而知己，一胜一负；不知彼不知己，每战必殆。"意思是，既了解敌人，又了解自己，就会百战百胜；不了解敌人，而只了解自己，胜败的可能各半；既不了解敌人，也不了解自己，那就每战必败了。

我国C电缆厂代表与美国一外贸公司代表就无氧铜主机组合炉交易事宜进行谈判。美国公司代表报价从220万美元、150万美元下滑至130万美元。而我国代表不为所动，坚持不签约。美国代表有些恼火，对我方代表大嚷："你们对这次交易毫无诚意，那我们还谈什么？不谈了！"我方代表神态安然，沉着地予以还击："报价这么高，还说我们没诚意，不谈就不谈！"

美方代表见威胁无效，无奈又降低了报价："那就120万好了，不能再低了。"我方代表依旧不同意签约。谈判破裂。再见面时，美方代表拿出订好的机票与我方做告别性会晤。这时我方代表拿出两年前美方以95万美元价格将此设备卖给其他国家的资料让对方看。

美方代表十分老道，处变不惊，辩解道："这是两年前的价格，现在的价格自然要上涨了。"

我方代表胸有成竹，不慌不忙地说："上涨没问题，可是要自然上涨，据我们调查，贵地物价上涨指数是每年6%，照此计算这套设备价格应是106.7万美元，何来的120万美元？"

至此，美方代表无话可说，他们没有料到我方代表掌握的情况如此精准。最后，双方以107万美元价格完成了这笔交易。

由此可见，知己知彼是占得谈判先机的不二法宝。一般来说，了解对方谈判人员的身份地位、性格爱好，以及能力权限、谈判经验是知彼的基础，之后，在此基础上，可以更深入一步搜集对方谈判队伍的内部信息，比如，对方谈判成员之间的关系如何？是否存在意见分歧？主谈人员的意见倾向以及其他谈判成员的意见倾向，还有他们的真实需求和心理预期，等等。这些信息的获取对于己方谈判方案的制定有着非常大的意义。

需要注意的是，这些信息的真实度和主观性需要认真仔细权衡，建立其基础上的谈判方案也要在实际谈判中结合现实情况灵活调整，这样才不至于“以讹传讹”，造成大的失误。

做好谈判前的准备工作

谈判有道

在谈判的准备过程中，谈判者要在对自身情况完全了解，并作全面分析的同时，尽可能去了解谈判对手的情况。

上一节已经讲述了谈判前要尽可能多地了解谈判对手，做好谈判前的准备工作，下面再举一例说明谈判前准备工作的必要性和重大意义。

南美国家智利有一家大型铜矿企业，由于经营不善导致资金链中断，被迫折价拍卖从德国、美国进口的大批“奔驰”“道奇”等重型卡车。这些车都是市场上畅销的车型。我国一家企业得知这个消息后，随即派出了一个精干的谈判小组前往智利，希望能拍得这批车。谈判小组到达这家企业后，先到车库仔细检验这批车。

经过认真细致的检验，得出这批车完全合格的结论。随后，谈判小组又开始对这家企业的经营情况进行调查，并对调查到的情况进行详细分析，分析后发现了这家企业资金缺口和需要的资金数量，在此基础上，确定这家企业拍卖这批车的心理价位应该在出厂价的35%～45%。于是，谈判小组就根据这个定位，与这家企业的代表进行了几轮磋商，最终以出厂价的38%成功拍得了这批车。

没有拍板前的调查和准备工作，又如何寄希望于赢得谈判。准备工作是成功的重要前提条件。可以说，没有准备，就没有胜利。

在谈判的准备过程中，谈判者要在对自身情况完全了解，并作全面分析的同时，尽可能去了解谈判对手的情况，主要包括对手的实力、资信状况、秉持的信念、商务习俗以及具体谈判人员状况等，同时，还要了解与谈判有关的环境、行业、社会和政治信息等。

下面是需要记住的谈判前的准备要点：

（1）人员组成

你要清楚你的谈判队伍由哪些人员组成，需要不需要专家参与。同时，你还要清楚对方谈判队伍的人员组成，在重要的谈判中，这样做非常有必要，而且意义非凡。

（2）角色扮演

你要认真考虑，在谈判队伍中，每一位参与谈判的人员都将扮演怎样的角色？谁来主谈？谁负责聆听并观察整个谈判过程？又由谁来负责应对谈判对手的提问？还有谁来做最后的决策？只有将这些角色分配好了，团队才不会乱成一锅粥。同样，你也需要尽可能多地了解对方谈判队伍中的角色扮演情况。

（3）材料准备

将谈判中可能需要的材料都要准备齐全，包括给对方看的材料。另外，需要提前给对方发的资料是否已经准备妥当，并按计划发过去了。

（4）对抗评估

你需要根据了解到的信息，预测谈判对手将在谈判中有着怎样的表现？以及如何应对来自对方的提问，甚至故意刁难。

（5）谈判态度

你将以怎样的态度和对方谈判？期望营造出一个怎样的谈判氛围？如果对方的想法和你不一致，你将如何应对？

（6）谈判议程

谈判将在何时何地举行，对自己有无重大影响？如何确定谈判的议程？是自己一方确定，还是需要和对方商量共同确定？

（7）谈判方案

针对这次谈判，是否制定了周全的谈判方案？对方想要达到的目标是什么？动机是什么？己方的目的是什么？动机又是什么？制定的方案是否兼顾到了这些要素？谈判达成的方案和破裂的方案是否都经过了认真商讨？

（8）谈判结果

你对谈判结果做了怎样的预测？你的让步底线又在哪里？如果谈判结果超出你的预料，你是否准备接受？最糟糕的结果是什么？你是否能承受得住？

要给谈判的准备工作预留出充足的时间，因为一旦谈判开始，就很难再有时间和精力、心情对各种问题进行深思熟虑。

你要想到你所做的准备工作，有一些是建立在你的预测基础上的。要知道你所获知的信息是有限的，因此，你所做的预测也是有限的。正所谓计划没有变化快，谈判过程中，有些变化可能超出你的预料，因此，你需要适时根据实际情况改变你的计划。这并没有否定准备工作的意义，相反，为了争取胜算，还要努力将准备工作做细、做好。

准备工作是有用功，是成功的助力，绝大多数的谈判胜利都是建立在充分、有意义的准备工作基础上的，因此，一定要重视准备工作，也一定要做好准备工作。

谈判能力的 8 大来源

谈判有道

如果你能保证在谈判席上正确、高效地运用自己的谈判能力，那么你将成功地营造出一个正面的、积极的思维状态，将赢得谈判对手的尊重和利己的谈判态势。

谈判能力决定了谈判的走向和结果，因此，正确认识自己和对手的谈判能力十分重要。谈判能力是有根源的，现在就让我们来了解一下谈判能力到底来源于哪里，可从以下8个方面去解读。

（1）专业知识

专业知识是谈判的一个重要基础，是谈判的必备要素。如果你具备了谈判对手所不具备的专业知识，或者你得到了谈判相关领域专家的支持，再或者你的专业经验比对手丰富，都会“增强”你的谈判能力，让你在谈判中占据优势。

（2）社会信息

现代社会是信息化社会，资讯庞杂，如果在某项谈判开始前，你掌握了对方不知道的信息，而这些信息又事关这项谈判，比如最新的市场数据、政策内幕或其他竞争者的情况，这就使你在谈判中占据了额外的优势，也就可能改变了谈判结果。

（3）市场地位

这里说的地位指的是市场地位。显而易见，如果你在“市场”有着举足轻重，或者独特的地位，那么它必然会增强你在谈判中的说服力度。也就是你的谈判能力会因它的存在而得到增强。比如在电商领域，阿里、京东的龙头老大的市场地位决定了他们强大的，甚至是无可撼动的市场谈判能力。

（4）企业实力

企业实力包括企业规模、营运能力、社会影响力，等等。实力本身就是一个能力的符号，在谈判桌上，大企业财大气粗，位高权重，说话有分量，自然占据一定的谈判优势。但是要注意利用好优势条件。企业大有企业大的好处，企业小也有企业小的长处，就看怎么利用了。

（5）关系力量

这里所说的关系是指与谈判对象的关系。如果你与谈判对象曾有过良好的合作，彼此留有好印象，哪怕只是在一个微不足道的领域有过愉快合作，都会增强你谈判的信心，你的谈判能力随之也会提高，这将有助于你们达成新的合作。

（6）规则支持

如果你提出的条件和要求得到某些相关规则、制度或标准的支持，那么无疑会让你的谈判能力得到增强。当然，你所依仗的这些规则、制度或标准，要得到大众或业内人士的认可，要不然缺乏力度。名正言顺，才让人信服。

（7）权威力量

人天生对权威有一种敬畏感，所以，才有那么多人喜欢冒充权威人士到处招摇撞骗。当然，这并不是权威本身的过错，因为权威可以以任何不同的形式出现，是好是坏，就看如何被使用了。如果你在某一领域拥有权威地位，或者你获得了业界资深权威人士的支持，再或者你所代表的企业在业内有着超然地位，那么你会被另眼相看的，你的谈判能力也就会无形中得到提高。

（8）个人力量

在这里，个人力量包括个人的人格魅力、个人掌握的谈判技巧、谈判态度、谈判方式等独属个人的东西。个人能力是独列于其他谈判能力之外的，就是说即使你不具备上述的其他谈判能力，但是仍拥有个人的谈判力量。

对个人的谈判力量，要秉持一种敝帚自珍的态度，既不妄自菲薄，也不骄傲自大。无论面对多强大的谈判对手，都要尽全力聚集起自己的力量，合理运用，并坚持到底。

如果你能保证在谈判席上正确、高效地运用自己的谈判能力，那么你将成功地营造出一个正面的、积极的思维状态，你将赢得谈判对手的尊重和利己的谈判态势。

谈判对手资情的搜集和利用

谈判有道

一个真正拥有竞争力的谈判人员，要对对方进行全方位的了解，同时最好还要让对方对自己一无所知。

容易理解，谈判中占有信息较多的一方往往占据优势，如果再能从占据的信息中筛选出能影响谈判形势的有效信息并好好利用，那么就可以大大增加胜算了。

温蒂是纽约一所医药研究机构的负责人。一次，一家保健组织找到她，想和她签订一份医疗服务协议。为了增大谈判的把握，温蒂尽可能地调查这家保健组织的现状。

通过调查，她了解到虽然这家保健组织早已经拿到了相关部门颁发的执照，但是却拖到上个月才开业。按照之前的做法，相关部门会把这家保健组织做第一个广告的当天视为该组织获得经营资格的第一天，而这家保健组织要想做第一个广告，则需要和一家医疗机构签订合约。同时，按照另一项规定，这家新开业的保健组织还要在12个月内营业，否则，还必须重新申领执照。

了解到这些信息后，温蒂不急于和该保健组织谈判，而是拖到最后一周再去和对方接触。到了最后一周，这家组织的谈判人员周一和周二都试图和温蒂联系，温蒂只是礼节性地和对方聊了聊，并没有深谈。到了周三，这家保健组织的谈判人员不得不对谈判条件做出大的让步，温蒂才和对方正式交流，并最终签了协议。

温蒂缘何能沉住气？理由很简单，就是因为她搜集到了关于对方的有用信息，这个信息让她摸准了对方的“脉搏”，拿住了对方的“软肋”，对方不得不“委曲求全”，做出让步。

很多时候，对谈判对手的了解程度，一定程度上，决定了己方在谈判中是否能够占据主动，可以说，掌握对手有用的信息越多，同时利用得很好，就越可以从容应战，甚至可以运筹帷幄，决胜千里。所以，优势谈判的一个重要法则是：一个真正拥有竞争力的谈判人员，要对对方进行全方位的了解，同时最好还要让对方对自己一无所知。所以，经验丰富的谈判人员在谈判前都不惜下大力气搜集谈判对手的资情。

谈判的过程与其说是一个相互讲道理的过程，还不如说是一个双方用各自的资讯信息影响对方的过程。谈判中，谁掌握了充分的资情，谁就增加了谈判说服力，谁也就更能占据谈判的主动地位。

就商业谈判来说，对谈判对手资情的搜集包括对谈判活动资料的搜集、对谈判对手资料搜集以及对谈判环境资料的搜集。谈判活动资料搜集通常包括对市场信息的搜集、对有关政策法规信息的搜集、对金融信息以及科技信息的搜集等。

对谈判对手资料搜集通常包括对对方公司的资料搜集、对谈判对手个人资料搜集。对对方公司资料的搜集主要包括对对方公司整体状况以及支付能力、经济状况、经营作风、资金规模、组织结构、企业战略，以及购买力、信用等级、业内口碑等的调查。对谈判对手个人资情搜集主要包括对对方的职位、授权、职业背景、谈判动机、利益诉求，以及个人性格、谈判作风、谈判期限等的信息收集。

对谈判环境的资料搜集主要包括对谈判的政治环境、经济环境、法律环境、宗教环境以及社会风俗和文化背景的情况搜集。不要轻视对环境资料的搜集和利用。谈判环境往往决定、左右着谈判的走向，很多谈判之所以功败垂成，就是因为没有把握好谈判的环境，影响了谈判的达成，甚至改变了谈判的结果。

在对谈判资情的利用方面，就是在掌握相关资情的基础上，讲究策略，恰到好处地运用好这些资情信息，让它们对对方施加心理影响，促使谈判向自己希望的方向发展。

在谈判的开局阶段，对谈判对手资情的搜集可以起到建立制高点的作用。建立好这个制高点，对后续的谈判意义重大，因此，一定要重视谈判前对谈判对手的资情搜集。

识别对手的谈判风格

谈判有道

人各不同，在谈判中不断积累不同对手的特点，就能快速读懂众多对手，总结对付不同对手的策略，将成为你谈判制胜的关键所在。

在生意交往中，往往会碰到这样一些人，或倚仗于强大的经济实力，高高在上，盛气凌人，好像没有丝毫商量的余地；或有众多的客户可供选择，而悠然自得，看鱼蚌相争坐收渔利；或掌握着关键的商业机密，待价而沽，牟取暴利；或久经沙场，老谋深算，故意要弄威风，令对手误入陷阱。

面对这些风格迥异、情况不同的对手，稍有不慎，不仅生意难成，反会落下无限的懊恼与悔恨。因此，探索与不同对手交锋并从中取胜的方法，必定会使你在谈判桌上迅速看出对方的真实嘴脸，也就是要熟悉对手的谈判风格。

事实上，每个人确实都有自己的谈判风格。那么，什么是谈判风格？

简单来说，谈判风格是指谈判者的谈判态度和个人特质。由于每个人具有不同的气质和思维、表达方式，因而也就具有不同的谈判风格。

谈判对手的风格通常可以划分为四种：急于求成型、强硬攻击型、老实本分型、团结协作型。面对不同谈判风格的对手，需要采用不同的应对策略，才能在谈判中做到知己知彼，百战不殆。

（1）对急于求成型对手

这样的人在谈判中往往喜欢利用自己的权力力求快速完成谈判，不喜欢拖沓、延误，做事雷厉风行，奉行果断的原则，决策也比较迅速。

这类人很容易分辨出来。他们通常说话较快，喜欢在一开始就亮出自己的要求和底线，而逼迫对方做出选择。他们不喜欢别人对自己的观点指手画脚，认定了自己的决定，就会反复将想法表达出来。

在面对这类人的时候，你需要做的就是等待，认真听他的所有条件和要求，并在大脑中快速运转寻找谈判的突破口，在他略作思考的时候，将自己的方案全盘托出。这样做的好处就是，打对方一个措手不及。他虽然说得多，但却难免不够严密，反击效果如何，就要看你找毛病的本事了。

（2）对强硬攻击型对手

这样的对手要么会在谈判的时候一口拒绝你，要么会在谈判中一再提出要求，甚至是难以接受的条件。看似谈判却处处给你上枷锁。打个比方：

你的孩子摔了一跤，摔破了额头，你把他送到了最近医院的急诊处，医生简单地缝了三针，上了绷带，就让你们回去了。几天后你收到账单大吃一惊，虽然你知道看病越来越贵，却想不到在孩子的额头上缝两三针，只不过是几分钟的处理工作，竟然会这么昂贵。

这就好比在谈判中遇到了攻击型的对手，他主动向你提出几乎不可能被你接受的条件，虽然大多数的人会抱怨医院开出这样的账单简直就是强盗行为，但最后还是照付账单。

那么在面对这类对手的时候要采取怎样的谈判策略呢？强硬型的人一向会认为自己的想法是绝对正确的，那么你就要在谈判中抓住对方的弱点进行攻击，并且在攻击中毫不留情面。这样做是有很大风险的，一种结果是对方被你的凶猛来势吓到，最后乖乖接受你的条件。还有一种结果就是顽强地与你死磕到底，这就是比谁的理由更有说服力了。

（3）对老实本分型对手

如果在谈判中遇到老实本分的谈判者，那真是你的幸运。老实的人在谈判中恪守原则，不会人身攻击，只会按照上级交给的任务循规蹈矩地完成。如果你在谈判中提出了他不能接受的条件，一般也不会遭到他直接的拒绝，而是会看到他纠结、痛苦的表情，这是他心理挣扎的表现。但他们绝不轻易改变自己的初衷。

面对这样的对手，最重要的一点就是始终保持热情主动，关心对方，用至诚至情来从内心深处打动对方，使对方从内心动容，才有改变策略的可能性。另外你可以从全方位展现自己的诚实，如实地将自己的情况告诉对方，这样比较容易获得对方的信任。

（4）对团结协作型对手

这样的对手通常不是一个人在谈判，而是一个谈判团队，每一次的谈判都是他们的一次团体行动，这样的队伍很容易就能看出各人负责哪一个项目的谈判。一般情况下，他们会派出一个强硬的谈判者出面来指责你的不是，接着会派出温和的谈判者出来表示与你站在同一个战线，这就是“红白脸”搭配的谈判组合。

在面对这样的谈判对手之时，首先要树立自己的谈判信心，不能因为我方比对方人少而输掉气势。而应该在谈判中认真倾听对方的要求，在轮到自己发表观点的时候，要尽量全面合理，不给对方唱戏的机会。

四种谈判风格的对手有不同的谈判理念、不同的利益诉求方式、不同的交流沟通方式。在识别对手不同的谈判风格后，要采取不同的谋略思路和沟通方式与之周旋，最终谋取谈判的胜利。

第三章

谈判初接触，留下好印象

人都是有先入为主倾向的，所以，谈判初接触，要努力给对方留下一个好印象，同时要利用好第一印象所带来的影响。

要想谈判好，礼仪不可少

谈判有道

讲究必要礼貌和礼仪的谈判可以让谈判气氛融洽，给对方留下好印象。

礼貌和礼仪，从来都不是可有可无的，而是非常必要的。它们是与他人交往的平等性规则。培根说过："礼仪是微妙的东西，它既是人们交际所不可或缺的，又是不可过于计较的。"

对谈判来说，由于不同的利益而不讲究礼仪对谈判双方来说都是有害无益的。讲究必要礼貌和礼仪的谈判可以让谈判气氛融洽，给对方留下好印象，不管有没有达成协议，双方都有可能在将来继续合作。因此，谈判中，讲究必要的礼貌和礼仪是必要的。

（1）仪表礼仪

人的第一印象往往是从外部形象开始的，因此，谈判时讲究仪表是必要的。仪表包括相貌、穿着、仪态、风度等。衣着整洁，举止大方，仪态自然，风度高雅自会给人一种敬重感。

（2）问候礼仪

见面后首先要寒暄问候，寒暄问候需要做到态度认真，主动亲和，注意场合，讲究方式，切忌心不在焉，词不达意。最常见的寒暄问候语是“您好”“见到您很高兴”或“很高兴见到您”。问候涉及称呼，在大型、正规的谈判中，一般称呼男子为“先生”，对女子称“夫人”“女士”。根据需要，称呼前可以冠以姓名、职称、职务等。

称呼顺序的基本原则是“先长后幼、先上后下、先疏后亲、先外后内、先近后远”。

（3）介绍礼仪

自我介绍时，介绍要简洁，充满自信，语速要不紧不慢，态度要自然、亲切、随和，目光正视对方。

为他人作介绍时，要先了解要介绍的双方是否有结识的愿望，做法要慎重、自然，不要贸然行事。介绍的内容要随着实际需要而定，通常只介绍双方的姓名、单位、职务。

有些时候，在介绍的同时，要交换一下名片。交换名片的顺序一般要遵循“先客后远、先低后高”的准则。当交换名片的人较多时，应依照职位高低顺序，或是由远及近，依次进行，注意不要跳跃式进行。接受名片时应起身，目视对方面带微笑。双手接过名片，然后可轻声阅读名片上的名字以及头衔，然后抬头看看对方，以示重视。接过名片后，不要随意摆弄或扔在一边，也不要随意放进口袋或包里，应收在名片夹里。

（4）握手礼仪

握手含有问候、友好、祝福、鼓励之意。握手的标准方式是：距离握手对象一米处，双腿立正，上身略向前倾伸出右手，四指并拢，拇指张开与对方相握。握手时用力适度，上下稍晃动三四次，随即松开。与人握手时，神情要自然，神态要专注，并且面带笑容，目视对方双眼，同时说一些问候语。

握手要讲究先后顺序，通常，男女握手，男方需要等女方伸手后才能伸手去握。如果女方没有握手之意，男方可礼貌地点头或鞠躬示意。宾主之间，东道主应先伸手，表示欢迎。长幼之间握手，年幼的要等年长的伸手才能伸手相握。上下级握手，下级要先等上级伸手，以示敬重。多人同时握手，要先等别人握完后再伸手，切忌不要交叉相握。

（5）签约礼仪

签约仪式前，应做好各种文本资料的准备工作，包括定稿、正式文本、签字笔、文件夹等。正式签约开始后，出席仪式的谈判各方人员按礼宾次序进入签约厅。主签人员入座后，各方人员按身份顺序入位排列。签字完成后，主签人起身交换文本，并相互握手。

（6）宴请礼仪

因各种各样的需要，谈判一方经常需要宴请另一方。宴请需要发出邀约。邀约有正式和非正式之分。正式的邀约多采用书面形式。有请柬邀约、书信邀约、电子邀约、传真邀约等形式。非正式邀约，通常采用口头形式，可分为当面邀约、委托邀约以及打电话邀约等形式。

宴请中要注意座次的安排。通常，桌次的高低以离主桌位置远近而定。桌数较多时，要摆桌次牌。桌子之间的距离要适中，座位之间距离要相等。

（7）馈赠礼仪

谈判各方彼此赠送礼品是十分正常的事，适当的礼品是谈判的“润滑剂”，有助于加强双方的关系，增进对方的感情，为后续的谈判奠定了感情基调。

赠送的礼品不宜贵重，但也不宜过轻，应以对方能够愉快接受为尺度。赠送前，要先了解收礼人的身份、喜好、习惯，有无宗教信仰和其他禁忌等，以便选对、选好礼物，真正做到投其所好。另外，赠送的时机、地点以及赠送的方式也需要斟酌。不要不顾场合、时机，想送就送，想怎么送就怎么送，一定要想周全，综合权衡，以免得不偿失。

用你的人格魅力征服对方

谈判有道

人与人之间不仅仅只是沟通与交流，有时候更加是一种人格的对抗，不是你影响别人，就是别人影响了你。谈判中，要利用你的人格魅力征服对方。

人格魅力是无形的，但也是巨大的。马云，貌不惊人，却用自己的人格魅力为自己带来了巨大的成功契机。

他可以在6分钟里搞定2000万美元的投资；可以在互联网尚不繁荣的时期，在没有任何社会资源和政治背景的情况下，成功完成人民日报的上网工程；可以使蔡崇信心甘情愿放弃体面的工作和优厚的薪水，到自己旗下领500元的工资；可以用不到两个小时的演讲让35名世界一流大学的毕业生向他这个并不起眼的普通大学的毕业生“俯首称臣”，这一切靠的就是他强大的人格魅力，他的人格魅力帮他征服了他的谈判对象。

这种人格魅力我们看不到，抓不到，但却在谈判过程中使对方感受到，并实实在在地受到它的影响。

老师将人格魅力作用于学生，可以让学生自发地进行学习，使学生更加出色；领导将人格魅力作用于下属，能让他们心服口服地听从指挥，让自己的团队变得更加优秀；销售人员将人格魅力作用于他们的客户，能让客户相信他们的产品会对自己产生帮助，从而心甘情愿掏腰包，靠的是什么？也是人格魅力作用的结果。

“在别人的影响下生活着，就等于不属于自己，就等于被别人的意志给俘虏了。这样的人即使再优秀，也不会登上一把手的位置。”拿破仑·希尔如是说。

在人际交往过程中，人与人之间不仅仅只是沟通与交流，有时候更加是一种人格的对抗，不是你影响别人，就是别人影响了你。这种影响通常是通过人格魅力实现的。而人格魅力不是说有就有的，是需要你自己不断培养的。

谈判是一种特殊的人际交流，它的成功和圆满同样也离不开人格魅力潜移默化的作用。

那在谈判中如何让自己的人格魅力影响到对方呢？

（1）微笑，自始至终的微笑

俗话说“怒不打笑面脸”，微笑的人遭受拒绝的几率要比绷着一张严肃的脸的人要小很多。因此，在谈判中，要随时保持面露微笑。当然，微笑并不是简单的嘴角上翘那么简单，一定要发自内心真诚地微笑。

（2）作为倾听者要有所回应

在谈判中如果你选择了倾听者的身份，除了认真倾听对方之外，还要做好随时回应对方的准备。无论是赞成对方时候的点头，还是对方说到精彩处的微笑，甚至是对方讲到激动时刻的评论，都会让对方有种被尊重的感觉。这样做无疑会有利于促进谈判向前发展。

（3）目光始终停在对方的三角区

所谓三角区，是以对方的眉心为中心，两颧骨为底角形成的三角形，这个区域被科学家称为“焦点关注区”。在谈判的时候，如果你的目光始终停留在对方的三角区域内，能让对方产生自己被强烈关注，自己是焦点的感觉。这样，会让对方对你好感倍增。

（4）不掩饰自己的错误

人非圣贤，孰能无过，能主动承认错误的人更容易获得别人的理解和信赖。在谈判中，当你在讲话的时候出现了错误，一定要及时纠正自己的错误，不要心存侥幸，企图蒙混过关，也不要担心出丑，敢于担当，才能够给对方留下谦虚、有礼貌的好印象。

人格魅力的修炼、提升，不是一朝一夕的事情，也绝不仅仅只是上述四个方面就可以获得完美的人格魅力，需要你在日常的人际交往中多加注意、多加修炼。

见面巧寒暄，激起对方的认同心理

谈判有道

谈判时的寒暄不是随随便便的，一个看似随意的开放性问题会让你占尽开局的优势。

俗话说得好，礼多人不怪。从来没有听说一个人因为客套招人嫌弃的例子。在人际交往中，客套些，懂点应酬会更容易和客户沟通，生意更容易做成。

从谈判中人与人的关系来看，更像是发展人与人之间的关系，使彼此的关系更加靠近，如果你懂得了怎样与人应酬，就会更容易获得对方的信任，顺利地完成自己的谈判目标。

生活中总有一些人是不合群的，他们显得很清高，很独立，然而不可否认的是，独来独往的他们是很孤独的。大部分时候并不是他们自己想要这样的结果，而是因为他们自己不懂得如何应酬人情世故最后落得如此了。

应酬，说到底是人与人交往必备的技能，包括说话、礼节，以及火候的把握、利益的权衡，等等。应酬的艺术，必须以人性需求为基础，把握人们的一般心理诉求。别人听着顺耳、看着顺眼、感觉顺心，才会跟你交朋友，帮你办事，或者开展合作关系。

就谈判来说，应酬应从会寒暄开始，因为谈判双方更多的时候是初次见面的人，所以，会寒暄就变得十分重要了。大文豪林语堂说："中国人求人办事时，像写八股文一样，寒暄和客套是少不了的。如果直截了当地开题，就显得不风雅，如果是生客就更加显得冒昧了。"

哈佛谈判课题研究组有一句话是这样说的：谈判时的寒暄绝对不是随随便便的，一个看似随意的开放性问题会让你占尽开局的优势。

这句话道出了谈判开局时寒暄的重要意义，寒暄开得好，开得适当，会有助于营造轻松和谐的谈判气氛，有利于双方达成协议。反之，见面不寒暄，直奔主题，或者寒暄不好、不恰当，都会造成谈判双方情绪上的紧张、僵化，给后续的谈判带来不和谐的因子。

寒暄是门艺术，要做好不容易，但是也不是做不到，正所谓世上无难事只怕有心人，只要悉心琢磨，经常运用，时间长了，就可以做到轻车熟路。谈判中寒暄要注意下面几点：

（1）端正形象

不难发现，很多销售人员在推销产品的时候会带着对客户的歉意，开口就是"对不起，能占用您一点时间吗？"这样的开场白，容易把自己降至较低的那个位置，会让客户对你的产品产生怀疑，为你接下来的谈判设下了一个无形的心理阻碍。

所以，谈判时，无论面对的是什么类型的谈判对手，首先要端正自己的形象，在接触谈判对手的第一秒开始，不管是走路、说话、表情还是行动都要表现出自己是一个自信的人，并且要让对方感到你对自己的业务很熟悉，也很有信心，打消对方的迟疑。

（2）积极沟通

做过销售的人都曾有相似的经历，就是在谈判的过程中不知道客户在讲什么，而且大多时候客户是存在很多顾虑的，很容易出现谈判的冷场。这个时候，你就要做那个大胆的人，主动和客户进行沟通，而提前准备一些问题则是再好不过的了。

（3）合适话题

这里的寒暄并不是随便扯的一些话题，而是尽量把交谈的话题引到对方感兴趣的话题上去，最常用的寒暄话题就问对方的家乡是哪里，有什么风土人情，另外问兴趣爱好以及业余生活等都可以。

（4）注重礼仪

寒暄时，可能要相互交换名片。交换名片时，应双手拿着名片，把字的一方朝向对方，以便让对方能看清名片上的内容。接受对方名片时一定要双手接，同时道谢，然后仔细地看一下并读出对方的名字。无误后，小心放进名片盒里，整个过程，态度要认真，让对方觉得自己受到了尊重。

谈判，不可忽视人情因素

谈判有道

懂得谈判艺术的人，在谈判中都很懂得保全对方的面子，最大程度让对方满意。

很多时候，商业谈判时，给对方保全面子非常重要。这点做好了，这次谈判不成，还有下次；若是伤了和气，再见面谈事，就难了。所以，懂得谈判艺术的人，在谈判中都很懂得保全对方的面子，最大程度让对方满意。

商业世界里的谈判是一种讨价还价，却又不是这么简单，因为它涉及人情、世情，以及当事人的价值观、心理素质。这就需要谈判者掌握商业谈判的沟通技巧，重视采用科学的谈判方式达成目标。奥雷利安·科尔松，法国ESSEC商学院教授、谈判教学与研究中心主任说："充分、科学的谈判是现实可行的和谐之道。在任何一种冲突中，直接忽略谈判或者采用非科学的谈判方式，结果都不会乐观。"

生意本身是和气生财的，在商业交涉中不必颐指气使，而应放下架子，保持平和的心态与人沟通。有了这样的心思，做事也就容易多了。美国的谈判大师荷伯·科恩一次飞往墨西哥城去主持一次谈判研讨会。抵达目的地时，旅馆服务员告诉他已“客满”。此时科恩施展了他的看家本领，找到了旅馆经理问：“如果墨西哥总统来了怎么办？你们是否要给他一个房间？”经理答道：“是的，先生。”科恩接着说：“好吧，总统没有来，所以我就住他那间了。”结果他顺利地住进了“总统套房”，附加条件是总统来了必须立即让出。

谈判不是说我们坐下来，我出一个价，你接受我们就签约，不接受我就提点价，直到你接受为止。这样的说法把谈判过于简单化了。综合来看，谈判是让价值最大化的艺术。成功的谈判应该在价值的最大化之后，再进入分配阶段——先共治后分割。为此，在谈判中要把握如下几点。

（1）先充分互相理解

“互相理解”是谈判成功的关键之一，也是价值最大化的前提。它既包括理解对方的意图、双方的共识和分歧，也包括理解双方的文化背景。在跨国商业谈判案例中，尤以后者最为重要。理解并不是说我们要同意对方所有的观点，不过我们的确应该搞清楚对方如何运作，从而建立互信、形成良好关系。为了知己知彼，一个很重要的步骤就是弄清楚对方所属的法律环境、利益诉求、发展计划等。

几年前，法国食品业巨头达能与娃哈哈集团之间展开了一系列合作。但是，在后来的谈判中，这家外企在中国遭遇了滑铁卢。它上法院状告娃哈哈集团，非但没能让合作继续下去，反而让双方展开了一场旷日持久的争斗。它没有搞清楚的一个重要问题是在中国做生意必须要多维护对方的面子，这样才能迎来好人缘，做成大生意。达能把通过和谈可以解决的问题诉诸法律，让本来有可能成功的谈判也因此触礁。这是缺乏理解的表现。

（2）发言之前先倾听

在商业沟通中，倾听是一项非常重要的技能。遗憾的是，绝大多数人都不具备这一能力，他们在与谈判对手沟通时，只是简单地聆听而非倾听。“聆听”只是做出听的样子，而“倾听”却是包括理解与反馈在内的所有听的过程。倾听，是需要注意力、理解力和记忆力的。

具体来说，首先要真心聆听，将身体转向说话的人，点头，微笑，并发出“嗯”的声音。你表现出倾听的动作，问题也就解决了一半。其次，简单复述已经听到的部分。为了避免产生误解，当客户在说话时，除了仔细聆听外，也要简单复述已经听到的部分，以确定没有听错客户的意思。

（3）熟悉“禁忌表”与“备忘录”

在商业交涉中，你要做到知己知彼，才能百战不殆。客户对产品或服务不满意，你前去交涉的时候，首先要搞清楚客户的来头，对方的负责人多大年纪，说话方式如何，等等。明确其中的禁忌，熟悉客户的一系列资料，都有助于你在商业交涉与谈判中有的放矢。另外，如果对方是外国人，那么其商业文化和人文特质就会左右谈判进程，这时候更需要熟悉对方的商业文化差异、生活习俗背景，避免犯低级错误。

在《谈判的艺术》一书中，科尔松教授总结了诸多谈判暗礁，可以为我们提供借鉴。比如，谈判之前缺乏经验分析、坚信强硬就不会落败、迷信竞争性谈判和谈判未开始便想着让步。此外，把谈判实质与关系混淆、坚信解决方案是唯一的、拒绝解释、妄自尊大以及谈判狂也都可能导致谈判失败。所以，成功的谈判者总是在谈判一开始就列出了“禁忌表”与“备忘录”，而且让自己熟悉它们。

（4）体现对相关利益方的重视

在复杂的谈判中，无论是利益方、谈判流程还是沟通方式都较普通谈判有着更特殊的要求。需要特别明确的一点是，在多层级、多主体的谈判中，要重视利益相关方的诉求。有一句话是这样说的：谈判不能解决一切问题，但“一场好的谈判无疑对于各方都是有益的，且这种利益创造是长期的。”

因此，在商业交涉或谈判中，一定不要忽视真正的利益方，以及相关利益方。要坚信：始终重视与各相关利益主体保持良好的互动与互信，是赢得成功的关键。

在相关利益方方面，一位台湾商人深有感触地说：“在中国做生意，也许保持好与政府及商业合作伙伴的关系是谈判成功的最主要因素。但是在欧洲则需要把这种对于关系与各方利益的思考扩展至更大的范围。他们更重视人的因素。因此企业雇员、工会和社区，方方面面的关系都要顾及到。”

只有内心有了这些想法，才会在谈判中兼顾多方面因素，给予对方多方位的理解，照顾对方的情绪，重视对方的利益，最终促成双方皆大欢喜的结局。

找准成功谈判的切入点

谈判有道

谈判是一种全面性的感受，除了语言要恰到好处外，我们还可以从态度、环境、肢体等各方面作为成功谈判的切入点。

一场成功谈判的取得，前提条件是对方愿意和你谈。那怎么开始一场成功的谈判呢？那就要找到成功谈判的切入点。

在人际交往中，交际的切入对交际的结果起着至关重要的作用。切入得好，交际圆满成功；切入得不好，就不能取得预期的效果。因此，找准成功交际的切入点是增进人际关系密切的基础。

谈判更要找准切入点。因为在谈判中，如果对方不能尽快做出是否合作的决定，很大程度上是不知道跟你合作的好处。

拿商业谈判来说，大多数人都遇到过那些一脸不想和自己合作的样子的客户，这个时候找到切入谈判正题的话题就尤为重要了。究竟是先和客户寒暄打招呼，还是先和客户掏心掏肺地聊上一阵呢？如果客户只想和你闲聊，完全没有心思和你谈生意，那又该怎么办呢？

实际上，谈判在你开始接触客户的第一秒的时候，就已经拉开了序幕，这个时候重要的不是向客户推销，而是营造适当的氛围，也就是要用自己营造的全面的氛围来引导谈判。因为在很多情况下，不是对方不想和你成交，而是当时的氛围不对，如果没有很好的分辨和营造气氛的能力，那也就很容易错失成交的好机会。

举个例子，你临时拜访了一位客户，却发现他正在公司的健身房里跑步，那你觉得这是一个适合谈判的好氛围吗？假如这位客户并没有立刻停止跑步，那么你就不应该在他跑步的时候谈生意。因为，在这个时候，客户不论在心情上还是在身体的专注力上都与你是不同的，就算之前的合作都很愉快，那这次沟通也很难达到最佳的效果。此时，你只有两个选择：第一，放弃这次不恰当的沟通机会；第二，将自己与客户放于同样的状态，即和客户一起跑步，待到运动结束，再做定夺。

这个例子说明了这样一个问题：当你和客户在相同的状态下，彼此的亲密度就会大幅提升，谈判成功的几率随之就大大增加了。可见，谈话的氛围也是营造成功谈判的很重要的切入点。

大多数情况下人们会更注重语言的谈判，但谈判是一种全面性的感受，除了语言要恰到好处外，我们还可以从态度、环境、肢体等各方面作为成功谈判的切入点。

（1）关心与他最亲近的人。任何人总是关心着自己最亲近的人，如果一旦发现了别人也在关心着自己所关心的人，大都会产生一种无比亲近的感觉。交际就可以利用人们这种共同的心理倾向，从关心他最亲近的人切入。

（2）在他心中建起“自己人”意识。能在交际之初迅速建立起“自己人”意识，就可以使对方放松对自己的警戒之心，而把自己接受为“自己人”。

（3）热情提供帮助。热情相助最能博得人的好感。日常生活中，那些具有古道热肠、为人厚道、不吝啬、好助人的人总能在邻里之间、同事之间获得好名声。因为人们一般都乐意与这些热心肠的人相识相交。

（4）保持善意的态度。人们一般都认为，双方矛盾爆发之后的一段时间，是交际的冰点。但如果此时一方能主动做出一个与对方预期截然相反的善意举动，就会使对方在惊愕、感叹、佩服、敬意之中认同你，从而化敌为友。

（5）多赞扬。人们都有一种显示自我价值的需要。真诚的赞扬不仅能激发人们积极的心理情绪，得到心理上的满足，还能使被赞扬者产生一种交往的冲动。如果你一开始就对对方进行称赞的话，他很难不对你留下好的印象。

找好谈判的切入点对谈判的成功至关重要。它会让你获得对方的好感，激起对方与你和谐相处的欲望，成功开启一个和谐谈判。

将对方的兴趣作为谈判的突破点

谈判有道

在谈判的过程中重视对方的兴趣，尽量把对方的兴趣作为谈判中经常出现的话题，是一个促使谈判成功的选择，也是成功谈判的突破点。

谈判技巧或许会帮你带来好的谈判结果，但实现起来未必容易，过程未免艰辛。如果在谈判中更重视对方，让对方有一种自己很重要的感觉，其带来的效果往往要比技巧所带来的效果要好、要快。

那么如何才能让对方感觉到自己受到了重视呢？每个人都希望能够满足自己的需求和爱好，一旦有人能够理解和满足我们的需求和爱好，那我们就会感到自己受到了重视，我们就会不由自主地对对方产生信任和感激，自然也就乐于与对方交流和交往。

谈判中如果双方的兴趣一致，能谈到一起的话，就很容易在情感上产生共鸣，能够迅速消除彼此的隔阂，增进彼此的关系。因此，对谈判一方来说，谈判中，无论你是否和对方拥有同样的兴趣，都要尽量重视对方的兴趣。在暂时没有发现有共同兴趣的情况下，也要尽量用心挖掘对方的兴趣所在，将对方的兴趣作为谈判的一个重要突破点。

这种做法的益处是无可置疑的，正所谓做事要投其所好，虽然草莓或者乳脂也能帮你钓上鱼来，但是对于钟爱小虫的鱼儿来说，小虫子做诱饵会帮你带来更大的收获。

对此，成功学大师卡耐基曾经说过这样的一段话，能让我们更清楚兴趣的重要性："在去钓鱼的时候，你会选择什么做鱼饵？即使你自己喜欢吃寿司，但是将寿司放在鱼竿前端也钓不起半条鱼。所以，即使你很不情愿，也不得不用鱼喜欢吃的东西来做鱼饵。"

就是说，无论你对某个话题、某件事物是否感兴趣，或者你有很多的高见，如果你的谈判对象并不想听，说了也是白说，很可能事倍功半。

在交朋友的过程中重视对方的兴趣尤其重要。很容易想到，那些很要好的朋友大多是有着共同的兴趣爱好，购物、音乐、运动等都可以成为拉近两个人距离的纽带，可见，共同的爱好至关重要。

所以，在谈判的过程中重视对方的兴趣，尽量把对方的兴趣作为你们谈判中经常出现的话题，是一个促使谈判成功的选择，也是成功谈判的突破点。

有一位推销员准备拜访一家企业老板，但是想要见到对方是一件困难的事情，因为如果一开始就引起对方的反感，那就注定要失败了。一个偶然的机会，推销员看到附近杂货店的伙计从老板公馆的小门里走出来，于是他急忙走过去问候。

两个人很快攀谈起来，推销员从这个伙计那里得知这家企业的老板的衣服是哪一家洗衣店洗的，于是他很快找到了那家店铺。在接下来的沟通中，他又确定了这位老板西装的布料、颜色、式样等重要信息。更难得的是，店主还主动提到了老板的领带、皮鞋，以及谈吐与嗜好。这些信息太重要了，推销员喜出望外。

过了一段时间，推销员终于找到一个合适的机会，与这位老板展开了深入的沟通。由于推销员掌握了对方的有效信息，所以沟通起来非常顺畅，取得了良好的预期效果。

推销员把对方的兴趣作为谈判的突破点，终于争取到了和对方深入沟通的机会，为自己赢得了生意。

一般人都喜欢和别人谈论自己感兴趣的话题，这就需要在谈判中能够尽量找到对方感兴趣的话题，从这方面出发拉近彼此的距离，让对方产生和你交谈下去的兴趣。如果交流中，你发现谈判对手摸着下巴沉默不语，那就说明你们的沟通出现了问题，这个时候，你就要有意识地反思一下，看看是不是因为自己没有找到对方的兴趣点所在，从而导致对方对你的建议不感兴趣。确定无疑的话，你就要努力从对方的表情、神态，甚至是对方不经意的小动作中探测出对方的兴趣所在，转移话题，或者改变说服，以引起对方的兴趣。

然而，有些时候寻找对方感兴趣的话题并不是一件容易的事情，毕竟很多时候在跟对方并不十分熟悉的情况下，加之每个人的兴趣都有所不同，比如有人很喜欢棒球，有人却连投手、捕手都分不清楚；有人一有时间就会打高尔夫，有人却连铁杆、木杆都不知道；有人对烹饪很感兴趣，有人却连面条也不会煮；有人喜欢旅行，有人却连去哪里找旅行社也不知道，等等，人们关心的内容可谓是千差万别，总之，寻找对方感兴趣的话题并不容易。

这就要求在谈判中，多注意观察，多注意了解，从对方的言行、神态中发现对方兴趣的“蛛丝马迹”，然后加以试探，最终确定对方的兴趣所在。

找到了对方的兴趣所在，接下来就可以在交流中就对方的兴趣做文章了。在爱好拉近距离的前提下，就可以较为准确地判断对方的心理期待和利益诉求。欧文梅曾说：“一个能从别人的观点来看事情，能了解别人心理活动的人，永远不必为自己的前途担心。”

因此，可以得出这样一个结论，不论是在商业界、家庭中还是学校里、政坛中，要想在和对方的谈判中占据主动的位置，最好能找准对方的兴趣所在，并恰到好处地利用。

用赞美的魔棒敲开对方的心门

谈判有道

赞美要落到实处，落到“点”上，才会让受者切实感到你的诚意，也由此才会对你产生好感。

谈判并不是只靠能言善辩就能成功的，更不在于能在有限的时间里说尽可能多的话。实际上，有时候一句恰到好处的赞美话就可以打开谈判对象的心防，让谈判有个好的基础。

大多数人是喜欢听赞美和恭维的话的，只要你是真诚、真心地赞美对方，不牵强附会，不曲意逢迎，通常都会得到对方的友好回应。

人本主义心理学家马斯洛在著作中提出了人的需要层次理论，他把人的需要分为五个等级，即生理需求、安全需求、爱和归属的需求、尊重的需求以及自我实现的需求。其中尊重的需求，就包含人需要赞美的需求。

在谈判的开局，如果你的赞美获得了对方的好感，有时候甚至会决定这场谈判的走向，成为谈判是否成功的关键因素。因此，假如在谈判中能够恰当地赞美对方，人缘和生意两丰收，是件一举两得的好事，何乐而不为呢？

由于女性爱美，在销售中，对于女性顾客多赞扬她的皮肤、身材、穿着，比如："美女的皮肤真好，又白又细腻！""这条裙子真漂亮，在哪儿买的？""您身材多好啊，我要是像您这样就好了！"等等。男性都好面子，只要你给足他面子，他就会很慷慨。这样的赞美大多会让客户自解腰包的。

然而，赞美也不是随便两句好话就行的，只有说到对方的心里，才会让他感到真诚，才会让他对你产生好感，才有继续谈下去的可能。

如果你的赞美不是源自你的内心，那么你和它都是虚伪的，你的敷衍将会拉低你言语的分量，甚至你的人格，同时也让对方失去了自重感。

谈判人员要理解人的这一普遍心理，在谈判中找到机会恰当赞美你的谈判对象，对方听着心里舒服，与你也不会有什么损失，而且对于你取得谈判成功大有裨益，关键是你能把话说到对方的"心坎"上。

多年以来，埃姆斯一直从事铅管的推销工作，有一回他把目光转向了一位铅管技师。

这位铅管技师的生意做得很大，信用也很好，不过每次埃姆斯都试图说服对方与他做生意时，对方总是高声说道："我今天什么都不要，别浪费我的时间，快走吧！"

埃姆斯所在的公司计划在长岛皇后村开设分公司，而埃姆斯知道那位铅管技师对那一带很熟悉。于是当他再一次去见那个技师时，就说："你好，先生，我今天不是向您推销的，而是向您求教的。我们公司想在皇后村开一家分公司，据我所知，您要比任何人都了解那里的情况，因此我想向您请教一下，看看这个计划是否可行。”

这位铅管技师这次没有大发脾气，而是随和地拉过一张椅子对埃姆斯说：“坐下谈吧。我们谈谈。”接下来的一个多小时里，这位技师热情地向埃姆斯介绍起皇后村各方面的情形，而且还提出了很多建设性意见。

埃姆斯后来向朋友说：“那天晚上我从那位技师的办公室离开时，口袋里不但装进了大额铅管订货合同，同时，还感觉我们建立了良好的私人关系。后来我常和这个铅管技师一起打高尔夫，他对我已经完全改变了过去的态度。这一切都是我那真心的赞美换来的。”

这就是赞美的妙处、赞美的力量。赞美恰到好处，就可以以小博大，就可以四两拨千斤，所以，谈判中，在该给对方赞美时，请不要吝啬你的赞美，并且发自真心去赞美，让合适的赞美带你走出困境，渐入佳境。

下面是关于赞美的艺术：

（1）赞美对方引以为自豪的地方

赞美不是奉承，不能毫无缘由地赞美，要落到实处。所以谈判中，赞美一定要赞美对方引以为自豪的地方，要不然容易让对方误以为你在嘲讽他，这样就适得其反了。

（2）发掘闪光点

人人都有自己的长处，即使最普通最平凡的人也绝不是“一无是处”，关键在于你是否能够“沙里淘金”“慧眼识珠”。有些人常常埋怨对方没有优点，不知该赞美什么，这正说明了其缺乏发掘闪光点的能力。

（3）抓住细节赞美

细微之处的赞美更显真情，所以，会赞美的人常常抓住某人在某方面的行为细节，巧施赞美和感谢。这样做是很有道理的。其实对方之所以在细节上投入那么多的心思与精力，一方面说明对方对此有特别的重视或偏爱，另一方面也说明对方渴望这一份努力能够得到别人的关注与赏识。因此，在谈判中应善于发现对方细微处的用意，不失时机地以赞美和感谢来回报对方的良苦用心。

总之，赞美要落到实处，落到“点”上，才会让受者切实感到你的诚意，也由此才会对你产生好感。那些夸大其词、不着边际的赞美只会让人认识到你的敷衍、虚夸，甚至别有用心。如果是那样的话，赞美还有意义吗？

第四章

端正谈判态度，找到利益平衡点

正确的谈判态度和谈判原则是谈判成功的要素，也是赢得谈判对象的重要因子。没有一个好的谈判态度，不坚守谈判原则，不但赢不了谈判，也赢不来尊重。

要带着什么态度去谈判

谈判有道

正面的、积极的谈判态度必然会促使谈判向有利于双方的方向发展；负面的、消极的谈判态度必然有损谈判各方的关系，造成不利各方的谈判结果。

虽然谈判争的是权益，但不代表可以欺骗，如果允许欺骗牟利的话，那谈判就是赤裸裸的唯利是图大会了，互利双赢就变成了一句彻头彻尾的空话。

可以说，谈判如果失去了真诚，那么谈判就只能算作双方为达目的而不得不采取的简单手段，谈判就会变得尔虞我诈，相互打击，这样性质的谈判又如何奢望能产生好的结果。

讲求诚信是一切友好协作的前提，是谈判应该秉持的正确态度、首要原则，只有当谈判双方都以真诚的态度去面对谈判的时候，才能够获得一个严肃认真的谈判。

这里涉及了一个谈判态度的问题，我们到底应该以怎样的态度去谈判，是要我们仔细考虑和认真对待的。可以肯定的是，每一种态度都会导致一种必然的结果，概括来说，正面的态度会带来正面的结果；负面的态度会带来负面的结果。如果你把焦虑的、担忧的、不自信的思想状态带到谈判桌，并让对方察觉到，那么谈判结果会让你的担忧和焦虑变成现实。

反之亦然，如果你自信、乐观，谈判时豪气万丈、信心百倍、胸有成竹，那么必然影响到对方，让对方觉得他们必须认同你的观点，接受你的建议，从而促使谈判成果向你倾斜。

下面是四种典型的谈判态度：

（1）融合

这是一种最有利于使谈判向前发展的谈判态度。“融合者”的特点是，努力把谈判双方的分歧点往“一处”融合，力求得到一个能体现双方利益的谈判协议。这种谈判态度是值得推荐和弘扬的，它符合现代相互依存、互利共赢的发展态势，不但考虑己方的利益，也兼顾对方的利益，希望包括自己在内的各方都能从谈判中获益，也正因为这个原因，“融合”型的谈判者受到了谈判各方的欢迎。

（2）榨取

这种类型的谈判态度的特点是总想着如何从谈判对手那里占到便宜，最大限度榨取对方的“油水”。因此，他们只关心自己的利益能否实现，有多大空间，却从不去关心对方有无利益，对对方提出的利益要求不屑一顾。他们最常用的谈判方式是压制、打击，落井下石。在他们看来，互利双赢的结果是不可能存在的，不是你死就是我亡，“大棒政策”，是他们的谈判信条。

事实证明，这种强势的谈判态度可能为自己带来各种短期的利益，但是却伤害了对方，让对方积攒起满腔的怨气，对方可能委曲求全，暂时采取合作的态度，或者干脆不合作，日后寻找机会一报雪耻，这样强势一方就为自己的发展带来了隐患，埋下了失败的伏笔。

（3）软弱

这种谈判态度的特点是谈判者把多种失败主义者的态度带到谈判桌上，对对手的要求不讲原则地予以满足，而忽视己方的利益。持有这种谈判观念的人往往不堪忍受谈判压力，容易改变立场，做出让步，消极应对对方的指责，对取得谈判胜利没有信心，倾向于避开双方意愿的冲突，这些软弱的表现，自然为他们带来不理想的谈判结果。

（4）困惑

这种谈判态度的特点是对谈判的走向很迷惑，因此，常常会在各种错误推断或者偏见之下做出错误决策，继而采取错误的行为，让自己变成“榨取者”或者“软弱者”。“困惑”态度的根源一方面在于谈判者本身的性格弱点，另一方面在于谈判者对谈判的认知存在缺陷和不足。认识上的偏差，必然导致态度上的错位。

避免谈判“困惑”，首先要对谈判抱有信心，坚定谈判的立场。其次要客观地了解谈判对手，尽可能多地了解谈判信息，同时，也要把自己的观点清晰地传达给对方。

了解了这四种基本谈判态度，知道了它们的特点后，就可以对号入座，看看自己属于哪种类型的谈判者，身上有哪些谈判态度的影子，该如何改进。

显然，“融合”胜于“榨取”“软弱”“困惑”，关键是如何把握好这一态度。要想做到“融合”，首先要做到自信，自信是首要的必备要素，而要做到自信，就要做到知己知彼，对自己和对手要有一个正确的认识，在此基础上，才有可能建立起来适当而不是盲目的自信。

很大程度上，谈判态度决定了谈判的结局，正面的、积极的谈判态度必然会促使谈判向有利于双方的方向发展，反之，负面的、消极的谈判态度必然有损谈判各方的关系，造成不利各方的谈判结果。

坚持公平原则和使用客观标准

谈判有道

越是用公平原则、合作原则和科学标准解决具体问题，就越有可能最终达成明智而公平的协议。

哈佛一项研究报告指出：越是用公平原则、合作原则和科学标准解决具体问题，就越有可能最终达成明智而公平的协议。

谈判就是一项要求采用公平原则和科学标准解决具体问题的活动，事实告诉我们，无论谈判者有多擅长调和谈判双方的利益冲突，即便是立足于互利双赢的高度很多时候也难以取得双方态度的一致趋同，这个时候，坚持公平原则和使用客观标准来进行谈判是唯一的解决之道。它能最大程度更好地解决谈判双方的利益冲突，让双方达成可以接受的协议。

印度曾代表“第三世界”国家和美国进行了一场关于海洋开发权的谈判。印度代表提出，要向那些在深海海床采矿的公司征收开发费。费用标准是每个采矿点开发费6000万美元。这损害了以美国为首的西方国家的利益，因此美国代表提出反对意见。印度代表据理力争，双方互不相让，谁都不肯妥协。

就在双方僵持不下时，一套由美国麻省理工学院开发的深海海床勘探经济模型引起了谈判双方的关注。他们一致认为这套经济模型是客观的，为征收海底海床开发费提供了一个科学的鉴定标准和手段。

印度代表了解到，如果按照自己这方的要求，进行深海采矿的公司在开始盈利前需要支付高额的开发费用，这样就让大多数公司望而却步了。美国代表方面也认识到，征收一定的深海开矿权也有其合理性，所以双方在接受了麻省理工学院开发的深海海床勘探经济模型这一客观标准后，重新考虑自己的提议。

最后，经过新一轮的磋商谈判，双方达成了一项双方都认可的协议，为此次谈判画上了圆满的句号。

在此次谈判中，可以说麻省理工学院开发的深海海床经济模型成为了合作协议的最重要促进元素，为双方提供了解决争端的更好方案。最终，这套建立在客观标准基础上的方案吸引了很多有实力的大公司前来竞标，事实表明，这套方案让那些竞标成功的公司获得了可观的收益，可以说宾主皆欢。

很多时候，谈判中的利益冲突是不可避免的，如何让冲突“软着陆”，那就需要一个客观标准来衡量。这个客观标准可以是国际标准、国家标准、行业标准、行业惯例、社会惯例、法律法规，等等。

坚持公平原则包括合作原则、互利双赢原则、利益第一立场第二原则、人和事分开原则等。谈判的合作原则是指谈判双方在换位思考的基础上，相互配合进行谈判，力争达成双赢的谈判协议。它要求谈判各方不是利益的竞争者，更不是敌对者，而是合作者。

互利双赢原则是谈判的至高境界，是最好的谈判结局，它要求在尊重双方的共同利益的基础上，换位思考多考虑对方的利益诉求，在优势互补中实现自己的利益最大化。

谈判的利益第一立场第二原则要求谈判各方致力追求各自利益的合理化、最大化，而不要在立场上讨价还价，避免破坏谈判的气氛，努力达成一个明智、有效、友好的协议。

人和事分开的原则也很重要，如果谈判不分清人与事，谈判时对人不对事，必然情绪用事，扭曲事实，忽视对方的合理要求和合法利益，让谈判走入误区，这样一来，谈判又何来的公平呢？因此，谈判中要人事分开，就事论事，不指责对方，相互体谅。

事实证明，不管分歧有多大，争执有多激烈，彼此的关系有多紧张，只要本着对事不对人的原则，视彼此为合作者，大家一起冷静地去寻求有利于双方的公平协议，问题就会得到妥善解决，至少不会让矛盾扩大化，造成尖锐对立。

为了便于沟通和增进亲和力，双方可以坐在桌子的同一侧，把资料、合同、纸笔放在面前，而不是正襟危坐，表情严肃，怒目相向。

除了可以利于促进达成一致协议外，坚持公平原则和使用客观标准还有一个好处，那就是能够减少双方在达成协议的过程中一方做出违反协议精神的事情来，客观上巩固了谈判双方的关系，让谈判达成永久性协议不再遥不可及。

利益在于平衡，而不在于多少

谈判有道

只有有意识地寻求利益平衡，端正谈判态度，才会在谈判中恰到好处地与对方洽谈，做出合理让步，让对方在认可中接受谈判条件，实现双方合作共赢。

求同存异是谈判中的一个重要准则。它讲求的是一种利益上的平衡，实际上，谈判本质上也就是追求利益的平衡。有的人习惯在谈判中争取利益最大化，可是要知道，有人得大利就有人得小利，大小就是不平衡的，没有人愿意得小利。

在谈判中，最重要的就是能够寻找和谈判对象的利益结合点，找到了结合点才有合作的可能。如果双方无法实现满足一部分对方的利益，那达成协议的可能就小了。

拿商业合作来说，做生意最忌讳的就是“今朝有酒今朝醉”。只着眼于计较眼前利益的多少是无法做成大生意的。所有的交易都只有在“利益均衡”的前提下才能得以进行。从这个角度来讲，在谈判的过程中，维护对手的利益也就是维护自己的利益。

追求最大的利润是生意人的目的，但是必须是合理利润才能保证自己细水长流。合理利润就要求在合作各方的利益分配中寻求平衡。一方得到不合理的高利，就意味着另一方得到不合理的低利。自己这方若没有合理利润，生意将难以为继；对方若没有合理利润，生意同样会滞塞不畅，这种合作是无法持久的。所以，聪明人赚该赚的钱，也让对方得应得之利。这样虽然降低了自己的利润空间，却可以做长久的生意。

一个中小品牌的药品商希望通过和药品大卖场合作，借助大卖场在当地的知名度提升品牌价值及销量。而大卖场则认为该品牌知名度较低，对合作存在一定顾虑。这时，你如果能够给予对方一些利益，比如较高的利润空间，就可吸引卖场的关注，在确保大卖场赚钱的基础上，再与之谈判，就很可能达成合作协议。否则，如果双方只是站在自己利益最大化的角度来考虑合作问题，根本不可能达成共识。

这就是利益平衡的艺术，利益不在于多与少，而在于你能不能保住自己的利益，适当地让出自己的部分利益，是为长远利益打基础。小羊过独木桥的故事就是教给人类退让一步海阔天空，利益均衡，寻求共赢的道理。

有两只小山羊，一黑一白，一只在河东边，一只在河西边。在这条小河上，只有一道很窄的独木桥，窄到每次只能过一只羊。

两只羊在桥上相遇了，白羊站在这边儿，黑羊站在那边儿，谁也过不去，谁也不相让。白羊用不容置疑地语气说：“黑羊，我还差两步就到了，你赶快退回去！”黑羊高傲地昂起头，坚决地说："凭什么要我退回去？我也要过桥，你赶快退回去！"

它俩在桥上，谁也不肯退回去。吵着吵着，两只小山羊不假思索地把结结实实的脑门撞到一起了，把犄角缠到一块了，把细细的小腿支在独木桥上，打起架来，越顶越使劲儿。最后只听"扑通、扑通"两声，两只羊都掉到河里去了……

在谈判中，如果谈下来的结果是我赚你不赚，生意自然不会长久，同样，你赚我不赚，生意也不会长久。只有我赚你也赚，才能做成生意，而且还会长久，这就是所谓的"有钱大家赚"，也就是利益平衡。

利益平衡，就意味着一方要让出利益，那么，这是不是说谈判中要无条件地满足对方的要求呢？显然不是，对对手的要求不能一味地迁就，如果对方提出的问题，不管问题大小、多少、难易，你都一一解决，肯定会大幅度地增加自己的工作量，也必然会影响自己的工作效率，那结果就是自己的利益受到影响。所以利益平衡，满足对方也是有限度的。

只有有意识地寻求利益平衡，端正谈判态度，才会在谈判中恰到好处地与对方洽谈，做出合理让步，让对方在认可中接受谈判条件，实现双方合作共赢。

另外，谈判还要着眼于潜在的共同利益，不要因为暂时的利益分歧失去潜在的长远利益。在绝大多数谈判中，只要仔细地考虑立场背后的潜在利益，往往不难发现双方拥有的潜在的长远利益要远大于双方相互对立的利益，从这个角度上来看，谈判一方也要在保护自己利益的同时，兼顾对方的利益，以求得利益的平衡和最大化。

还要注意的是，利益通常是多重的，而不只是一种，拿租房来说，如果你是租客，你既希望获得一份对自己有利的租约，还想和房东达成一种和谐友好的关系，同时，还希望不需要付出多少力气就尽快达成协议。

谈判双方各代表了自己一方的利益诉求，自己一方既可能完全是自己，也可能是背后的老板、客户、雇员、亲人、朋友等，理解谈判对手的利益就是要理解他需要考虑的方方面面的利益。

谈判中正确的利益表述是既要强调、争取自己一方的利益，同时也要恰当满足对方的利益。一定不要只顾强调、争取自己的利益，而忽视、忽略对方应得的利益。

通常，如果对方认为你理解他们，那么他们会更重视你说的话。所以，换位思考，如果你希望对方重视、满足你的利益诉求，那么首先你应当表明你重视对方的利益诉求，然后再去满足对方的合理利益诉求。

谈判，要讨价也要妥协

谈判有道

要想在谈判中取得真正的胜利，既要学会讨价还价，也要学会妥协。

谈判是一个很宽泛的概念，可以说无处不在，而非我们想象得那么狭窄。买东西讨价还价、向客户争取订单、跟老板谈薪水、与朋友决定旅游地点，甚至是谈情说爱，都需要借助谈判来实现。

简单来说，谈判是人们为了满足各自的需要而进行的交易磋商，是用来解决同他人的分歧或满足自身需要的手段。想从对方手中得到一些东西，或对方想从你身上取得一些东西，都离不开“谈判”。历史上，毛遂自荐、蔺相如完璧归赵、诸葛亮舌战群儒等谈判故事脍炙人口。今天，人们同样需要以三寸不烂之舌，劝解对方，消除误解，实现利益共享的机会。

高明的谈判者可以通过最少的沟通成本赢得他们最想要的东西，从这些谈判高手身上，我们可以看到他们精彩的攻防话术、强大的沟通能量、精准的心理操控技巧，许多时候，我们常常被这种能力深深震撼。当你学会了如何谈判，在生活各方面你都能为自己争取更多，在各行各业如鱼得水，享受梦寐以求的人生!

谈判从来都不是单方面的举动，而是双方或多方相互认知、相互磨合、相互调整的合作过程。所以，要想在谈判中取得真正的胜利，既要学会讨价还价，也要学会妥协。

（1）谈判不是为了击败对方

如果在谈判中非要争个你输我赢，处处不让，势必导致对方的反击，即使你通过战胜对方一时得到了自己想要的，那么下一次对方还会让步吗？谈判讲究的是利益之间的交换，目的是实现双赢，从而让双方的合作关系持续下去。因此，认为谈判就是击败对手是一个天大的错误。

（2）不要轻易释放善意

如果谈判对手很难沟通、交流，是否先释放一些善意，使谈判能够顺利进行？答案是否定的。如果与对方没有利益交换，千万不要轻易让步。这是因为，你不知道对方的“不好惹”是不是他的谈判策略，如果做出了让步，那反而是中了对方的计策。此外，你不知道你所做出的让步是否是对方所需要的，如果是对方需要的，可能会养大他的胃口，逼迫你再次让步。这对你而言就是很不利了。

（3）不轻易接受对方第一次报价

与对手谈判时，看到对方的第一次报价在自己可接受范围之内，许多人往往会急迫地答应对方的报价，其实这种方法是不可取的。这样做会让对方误以为自己报价太低了，从而下一次报价会主动抬高，因此，不要轻易接受对方第一次报价。没有争取到更好的利益、更优惠的条件，对自己来说是一种损失。

（4）不会有无条件的让步

一家电子企业与一家家电卖场就代理销售一事进行谈判。家电卖场代表说："你方让我方一步，价格下降0.5点，如何？"厂家销售经理思索片刻后同意了。下午就付款周期谈判，厂家销售经理要求卖场付款周期为30天，家电卖场方却坚持45天。

厂家销售经理说："上午我方让了一步，我相信这次你方会让一步，没问题吧？"不料家电卖场代表说："虽然上午你方让了一步，但是付款周期我们还是无法按照你方要求去做，敬请原谅。"从这里可以看出，谈判中不要过高期望对方会无条件地让步。

（5）多准备几个方案

谈判中争取的是利益，但是达成这些利益的是方案，可以通过方案A，也可以通过方案B、方案C来达成利益。因此，谈判中必须有多个方案，并在事前准备好，如果方案A不行，可以采用方案B，方案B行不通，可以采用方案C。

总之，方案是为了达成目的，不同的方案是为利益服务的，切不可坚持了自己的观点，忘记了自己的目的；坚持了自己的方案，输掉了自己的利益。

不要在立场上讨价还价

谈判有道

在谈判的时候坚持自己的立场固然很重要，然而如果在立场问题上讨价还价、纠缠不清的话，就容易使双方都陷入无休无止的纠缠中，影响谈判的进程和成果。

在谈判中你所处的地位和谈判过程中你持有的态度就是你的立场，不难理解，谈判要有自己的立场，有了立场才能更加清晰地表达自己的要求，提出自己的条件，取得最理想的谈判结果。

然而不论谈判是有关一项合同、家庭内部纠纷，还是国家间的协议，谈判双方常常在立场上纠缠不清。在谈判的时候坚持自己的立场固然很重要，然而如果在立场问题上讨价还价、纠缠不清的话，就容易使双方都陷入无休无止的纠缠中，影响谈判的进程和成果。

这其中最主要的原因就是在立场式的谈判中，一个无法回避的弊端就在于谈判者本应满足各自的潜在利益，为了实现利益的共赢而努力，而实际上却把精力集中在坚持各自的立场上。

肯尼迪担任美国总统期间，美苏两国全面禁止核试验谈判失败，就是因为双方纠结在各自的立场不放造成的。当时的情况是，美国和苏联每年允许对方到己方境内被怀疑有核试验地区检查多少次。美国代表坚持每年至少要检查10次，而苏联方面则坚持每年至多检查3次。

由于双方坚持自己的立场不动摇，致使双方的谈判走向破裂。在谈判整个过程中，双方都没有在检查程序上多思考一下，没有在检查应由多少人参加，每次检查的时间期限为多少天等问题上动脑筋，却一直在各自的立场上讨价还价，忽略了立场背后真正应该关心的问题——双方的利益，由此失去了取得达成协议的机会。

谈判，应该着眼于彼此的利益平衡，而不是立场。

因此，为了使谈判进行得更加顺利，就要注意谈判期间不能走极端，不能在立场问题上抓住不放，该让步的时候就要让步。如果谈判双方始终都坚持自己的看法不变，甚至不想做出哪怕一点点的让步，这样过于坚定的立场就会吓到对方、吓倒对方，进而影响整场谈判。

此外，通常，谈判双方为了达成相同的目标才走到一个谈判桌上，为了这个共同的目标努力，如果双方起步越极端，每一次的让步都很小，谈判需要的时间就会很长，花费的精力也会很多，但是最后的结果却是不确定的。比如：

顾客："这个雕像什么价钱？"

老板："你眼光不错，75美元怎么样？"

顾客："别逗了，这儿有块压伤，我出15美元。"

老板："什么？你要是诚心买，我还能考虑考虑。15美元，开玩笑吧？”

顾客：“那好，我出20美元，75美元太离谱了。”

老板：“这样吧，给我一个合理的价钱。小姐，你砍价真够厉害，60美元拿走得了。”

顾客：“25美元。”

老板：“我进价也比这高多了！你诚心买吗？”

顾客：“37.5美元，我最多就付这个价。”

老板：“你看看上面的图案，过一段时间价格能翻1倍。”

假如就这样谈下去，他们成交的几率并不是很大，原因就在于，主顾双方都死守自己的立场，彼此耗费了太多的时间和精力，对于商品本身已经不够关心了，谈判的目的已经模糊化。

在这位顾客和店老板的这场关于价格的谈判中，立场起了一定作用。它告知对方你的需求，在前景不明朗、存在一定压力的情况下提供了一个立足点，最终可能会产生自己能接受的结果。但通过其他方法也能起到上述作用，而且在立场上纠缠不清使双方无法实现达成明智的协议、有效率的谈判以及友善的谈判这三个目标。

由此，我们不难发现立场式的谈判可能会付出高昂的代价，特别是立场式的谈判会对谈判双方的关系造成很大的损失。只有把自己的谈判对象看作朋友而不是对手，不以自己占上风为目的，在提出条件的同时做出适当的让步，为避免摩擦做出必要的妥协。

在这里还有一个谈判人数的问题，谈判的人数越多，也就是谈判方越多，死守立场就会有更多的弊病。人多的谈判场合如果还是在立场上纠缠不清就会阻碍多方达成协议。

如果像联合国会议那样有一百多个国家坐在一起谈判，那么每个国家坚守自己的立场不放松的话，那谈判顺利进行的可能性是很小的。可见，要想统一所有人的意见很难，要想获得共赢，就需要各国在不同程度上做出一些妥协。

那怎样避免在谈判中让立场主宰自己的方向呢？首先就要时刻提醒自己，人和事是两码事，要把人和事分开。

每个人都是有感情的，特别是感情丰富的人，经常喜欢把自己的情绪带到工作中，如果你是这种人，那你就要小心你会是那个进行立场谈判的人。

所以，你要时刻注意，主观的感情是不能和客观的事情联系在一起的，应该在绝对客观的基础上完成和对方的谈判，换句话说就是要与你的谈判对象站在平等的位置上，以客观的心态为一起解决问题而努力。

如果双方的利益产生了强烈的冲突要怎么办呢？有些人可能会因为自己坚持了强硬的立场得到了一个满意的结果，那这样武断得来的结果只能是暂时的，会影响到你们今后的长期合作。

在遇到这样的情况时，首先要让自己冷静下来，你可以告诉对方这个问题不是单方面说了就算的事情，所以为了公平起见，最好双方都能做出一点让步，这样的谈判方式就很容易得到对方的同意。

互利双赢——谈判最好的结局

谈判有道

创造性的谈判结局是当你和谈判对手离开谈判桌的时候，你们两方都觉得自己赢了。

谈判专家罗杰·道森说过这样一句有深意的话："创造性的谈判结局是当你和谈判对手离开谈判桌的时候，你们两方都觉得自己赢了。"

在这里，罗杰·道森一语道破了谈判的最高境界，那就是互利双赢。一方获利满仓，而另一方受损严重，绝不是谈判的最佳结局。谈判双方必然有不一致的利益，如果利益一致，就不用谈判了。就是因为双方的利益有不一致性，有时甚至是尖锐对立的，才会坐下来谈判以调节失衡的利益天平。

谈判时，如果谈判双方都只关注自己的利益，互不相让，那只会让谈判陷入僵局，关系破裂，最后不欢而散。如果能本着互利双赢的立场，换位思考，既保全自己的利益，又兼顾到对方的利益，就可以避免谈判僵局的产生，并有望达成对双方都有利的协议，缔造最佳的谈判结局。

成功学大师卡耐基在自己的著作里讲述了这样一件事：

1920年初，我刚刚完成了那本《影响力的本质》一书，打算在芝加哥的某家饭店里租用一个大舞厅，举办一个大型讲座，每一张票10元。当一切准备就绪，入场券也已经被印好的时候，我接到了饭店方面的通知，要求将租金多加一倍。

很显然，无论谁遇到这样的情况都会感到为难的，去责问饭店经理吗？显然不会取得好的结果，因为饭店经理总会摆出让人足以无言以对的理由，况且他们关心的只是他们的事情，我办不办得成讲座恐怕不在饭店经理的考虑之内。

我考虑好后，找到了这家饭店的经理，我很平静地对他说："得到这个消息，我很吃惊，但是我一点都不怪你，如果我处于你的位置，我也会这么做的。作为一名经理人员，使饭店的利润增加是他的责任。现在我们拿出一张纸，把你增加租金的益处和弊端都写下来，然后让我们来分析一下，好吗？"

我在一张纸上写了"利"字后，在它的下面列入了"利"的面，包括舞厅空下来以后，如果把它租给别的社团开大会或集会用，会增加收入，要比租给我办讲座得到更多的收入。然后我又在另一张纸上写了"弊"的方面，包括饭店一方在这十天里将不会有收入，因为我没那么多钱付给你，即使有那么一两家来租用，也不会一下子就租十天。另外来听我的讲座的大多是大学里的教师、学生，还有不少企业管理者，如果我办不成讲座，饭店会失去一个很好的宣传的机会。

我把纸片写好以后交给了那位主管，仍旧很平静地说：“先生，有些时候，财富是潜在的，我很遗憾，你们和我都要失去一个大好的机会了，你能好好考虑一下吗？我静候回音。”

没过几天我就收到了一封信，信中经理高度赞同了我的意见，并说按照我的建议收取租金，将原来准备上涨200%的租金降到提高105%。

卡耐基不愧为人际交往的大师、高明的谈判专家，他深谙人的心理，谈判中一句也没提到自己的要求和利益，而是立足于双方的互利共赢与对方谈判，最终成功维护了自己的利益，同时也让对方感到占了便宜，一举两得。

由此可见，互利双赢是谈判必须要遵循的重要原则，也是谈判的基本出发点，因此，谈判时，一定程度上要丢掉私心，要综合考虑双方各自的利益，努力寻求最好的谈判方案，以取得谈判的真正成功。

任何时候不踏进谈话禁区

谈判有道

谈话的禁区，除了忌讳的话题、专业术语和过于省略的简称，还有很多是需要我们在谈判实践中不断发现、不断积累的。了解谈判误区，谈判才能畅通无阻。

要想在谈判中一步步走进对方的内心世界，攻破对方的心理防守，谈判成功的几率才会大些。然而，在谈判过程中，有些谈话的禁区是不能触碰的。

沟通过程中，在一些特殊的情况下，触犯了一些禁忌，不仅会得不到任何好处，还会惹一身麻烦。作为谈判人员，如果能经常想一些与此相关的问题，会让你在谈判的时候更加得心应手。

“如果是我，我希望谈判对手和我聊什么话题？”

“如果是我，怎样的话能让我愿意交谈？”

“如果是我，什么样的话题是让我厌恶的？”

“如果是我，什么的话题是我不愿意与之交流的？”

其实，这么多疑问归结到一点还是一个问题，那就是，明确哪里是谈话的禁区。很多谈判人员，特别是销售人员，在和陌生的客户打交道的时候，由于不知道哪些话题是禁忌的话题，不知道怎么运用客户听得懂的语言沟通，结果导致四面碰壁。

那么，该如何避免这种情况呢?你可以注意以下几点：

（1）应该回避的话题

一位上门拜访的销售员说："刚才我看到您家门前有个乞讨的……"结果他立即被对方赶了出来。

其实，这是应该回避的话题。一般来说，以下的话题都应该尽可能回避：

①宗教。有些人有自己的宗教信仰，而有些人没有宗教信仰，这样的话题容易引起误会，尽量少谈。

②政治。无论你的谈判对象持哪种政治信仰，甚至参加了哪个党派，这都和你的谈判没有任何的干系，所以少谈政治。

③外貌。不管对方是胖是瘦，是美是丑，都不应该议论他人的体型和外貌。即使对方自我嘲讽："像我这种胖子……"也应该报之以微笑，避免回应这类话题。

④批评竞争公司商品。这是尤其禁忌的话题，虽然可以向顾客提示商品测试的客观资料，比如"××公司产品测试的结果怎样、怎样"，但也不能加入个人意见。绝对不能以自己的意见批评竞争公司的商品，那样会给人留下不好的印象。

⑤批评自己的公司。有些人为了想要拉近与谈判对象之间的距离，往往会批评自己的公司和上司，其实这种行为是很大的禁忌，不仅有损于自己和公司的形象，更得不到任何实质性的好处。

（2）恰当运用专业用语和业界通用语

应该视客户背景决定是否使用专业用语和业界用语。如果运用不当，反而会阻碍谈判的顺利进行。

让我们看看下面两个小测试吧：

曾经有人去NTT（日本电信公司）洽谈：“可不可以将不用的旧电话机退给你们?”

NTT如此回应：“当然可以回收，但必须采取‘捐赠受理制’。”

在某观光饭店客房内，有一张征求房客对住宿的感想和意见的问卷。其中有这样一项问题：“请教您对于Concierge的意见，以及对我们的服务是否有什么建议……”

怎么样，你是否能够准确无误地理解这两个听起来陌生的词汇呢?很显然，如果不是专业人员，几乎是无法理解这其中代表的意思的。这也是谈判过程中的一个很大的禁忌，因为谈判首先是建立在彼此能够沟通的前提下，专业用语只适合和专业人员沟通使用。如果仅凭着卖弄自己所知晓的专业用语来显示自己的能力，其实反倒证明了自己的无知和愚蠢。

（3）语言的省略要适当

在熟人之间中，由于彼此之间已经在平时的交往过程中形成了一种无形的交流默契，这样，在交流的过程中难免会出现语言和信息的省略现象。但是，这却丝毫不影响交流。然而，对于谈判来说却不是这样的，特别是对于那些素未谋面的两位谈判人员来说更是如此。因为语言省略有可能会给对方造成误会。

假设有一家公司名为“经济调查研究会”（如果有同名的组织，纯属偶然），由于公司名称很长，所以，当事人和相关从业者都将该公司简称为“经调”。如果我们第一次打电话去该公司，听到“你好，这里是经调”时，一定会一下子不知所措。这与前面的专业用语和业界用语的情况如出一辙。

我们仔细分析一下语言就会发觉，“经调”把所有打电话的人都当作了自己单位的“熟人”，满口都是省略过的语言，很容易让人听不懂，那更谈不上进一步的沟通和交流了。

乔·吉拉德曾说过：“在沟通过程中触犯禁忌和说别人听不懂的话题，等于向天空吐口水，最后自己是最大的受害者。”说得正是我们需要谨记的谈判技巧。

第五章

给人说话机会，在倾听中奠定情报优势

在谈判的起始阶段，我们需要集中精力去了解对方，积累谈判“情报”，所以，我们需要做一个积极谨慎的“听众”。

听到要点才能谈到痛处

谈判有道

谈判中，让对方多说，自己多听，在倾听中，获得对谈判有效的信息，加深对对方的了解，奠定情报优势。

谈判，顾名思义就是谈，但是在谈判中最重要的却不是谈，而是听。是不是觉得很奇怪？谈判不就是把自己的需要告知对方，然后在此基础上你来我往，讨价还价，最终达到自己的目的吗？

没错，谈判离不开谈，但首先需要做的却是听，因为人们感知世界，获取信息，虽然主要靠眼睛看，但同时，听却是谈的基础，是谈的前提，是谈判非常重要的一部分，是必不可少的。在谈判中，如果没有去认真地听，谈判是无法正常进行的。

无论是家庭关系、孩子教育、人际交往、商业谈判还是市场营销，没有耳朵的倾听，沟通交流都是无法正常运行的。

很容易理解，夫妻如果不彼此倾听对方的需要和感受，如何才能形成和谐的家庭环境？父母不倾听孩子的心声，怎么知道孩子的兴趣所在？男友不倾听自己女朋友的“牢骚”，怎么培养更亲密的感情？商家不倾听消费者呼声，怎么能生产出符合消费者需求的产品？销售人员不倾听顾客的要求，如何推销出去自己的商品？

法兰克是一名人寿保险推销员，在一次横跨美国的演讲后，使得他在圈内的影响力大增。演讲结束后，他马上又投入人寿保险推销的工作当中，当然也不忘向人们讲述自己的演讲经历。

不久后，他见到费城牛奶公司的总裁，刚见面，这位总裁就询问法兰克巡回演讲的事情，法兰克很明白自己的目的，是为了向这位总裁推销自己的保险，于是主动把话题转到了客户的生意上："当然可以，不过很久不见，我倒想知道你的近况。怎么样，生意还红火吧？家庭都还好吧？"接下来，这位总裁滔滔不绝地讲起了自己的生意和家庭，法兰克也听得很认真，并且不时地做出回应。外人看来，这两个人更像是在聊天，不像是在谈生意。

面谈结束后，这位总裁把法兰克送到门口，看似不经意地说："法兰克，我想为我工厂的管理人员投保险，你说28000美元够不够？"

就这样，法兰克依靠"多听少说"就获得了一笔大订单。

口才学上有这样一个辩证关系，就是说得越多，知道的就会越少。因为，一个人讲话的过程中，就会专注于自己大脑的讲话思路，对对方的关注就会很少，同时，自己说得多，给对方说的时间就会相对较少，结果就是，得到的对方的信息就很少。在谈判中，这样就失去了针对性，会让谈判处于茫然状态，这种情况下，想要赢得谈判的胜利自然很难。

谈判中，让对方多说，自己多听，往往会在倾听中，获得对谈判有效的信息，加深对对方的了解，这就占据了一定的情报优势，而情报获得多，在后续的谈判中，会让自己更为主动，占据更多的优势，正所谓听到要点才能谈到痛处。如果认识不到听的作用，不认真去听，便没有办法从对方的话语中获得更多有用的信息，那么，谈判就难免被动。

在推销工作中，一般推销人员往往上来就是给客户介绍自己的产品如何的好，优点多多，多么受客户欢迎，但却很少真心用耳朵去交换客户的信息，这样的结果往往是弄不清楚对方的真正需要。急着把自己的东西卖出去，却往往热脸贴了冷屁股，到头来，还不知道自己错在哪里。下一次如果还是采用同样的销售方法，结果也往往没什么改变。

在与顾客的沟通谈判中，销售人员首先要摸清的就是客户的需求，然后才有针对性地给顾客介绍自己的产品，这样才能让交易的几率大增。

正所谓“雄辩之中有艺术”，实际上，沉默中也有艺术，尤其对于一名销售员而言，适时的沉默往往会胜于雄辩，如果你能在生活中经常做一个倾听者，并且学会在倾听中抓住有用的信息，那么，这个方式也会让你在谈判中占据一定优势。

在对话中了解对手的个性

谈判有道

从对方的只言片语中听出对方内心的真实想法，才能明确其个性心理特征，进而有的放矢地跟对方沟通。

谈判的过程实际上是与谈判对象交往的过程，也正是在这个对话交流的过程中，可以通过对方的谈吐、表情等细节掌握其个性，进而采取有效的策略取得谈判的成功。

那么在与对方的谈话中，如何抓住对方的个性呢？

（1）在交谈中“听”对方的弦外之音

从对方的只言片语中听出对方内心的真实想法，才能明确其个性心理特征，进而有的放矢地跟对方沟通。

那么，怎样才能听出对方的弦外之音呢？其实这和我们平时说的正话反话是相似的。举一个常见的例子，在热恋中的男女，如果女方对男方说“你讨厌死了”，“你坏透了……”之类的话，其弦外之音实际上是在说“我喜欢你这个样子”。之所以正话反说，显然是女孩子的害羞天性所致。

而在商务谈判中，也不乏弦外之音，这些弦外之音多多少少都能透露出对方的个性，听得出这些弦外之音，也就把握住了对方的心理特征。例如在谈判中，对方一再强调“我忙得不可开交”，通常可以分为两种情况：

第一种情况是假如这个时候你正有求于他，他说这句话是在告诉你“不好意思，我帮不上你”，实际上他是拒绝你的。如果你迫切想要得到他的帮助，最好能做出一些牺牲，让他得到一些好处。

第二种情况是假如这是普通对话中出现的话，那实际上这个人是想表示自己的重要性，有意流露出自己很忙的意思。如果你能在这个时候恭维他几句，相信谈判会进行得更加顺利。

可见，听得出对方的弦外之音可以帮你了解对方的心理特征，把握对方的性格特点，为接下来的谈判做准备。

（2）在交谈中观察对方的语态

语态可以反映出一个人的心理和性格特征来。如果在交谈的过程中，抓住了对方的语态，就相当于了解了对方的心理和性格，谈话就容易开展了。

比如，喜欢用恭敬用语的人一般对人有很好的洞察力，往往能对别人投其所好，那么在谈判的时候就要谨防他给你设下语言陷阱；而说话比较简洁的客户，能清晰表达自己的需要，这样在谈判中能很快知道他们需要什么；而说话拖沓的客户，通常喜欢和别人辩论，你要做的就是牢记千万不要走进他无休止的讨论中，要把话说到点子上。

（3）交谈中掌握对方口头语

口头语也是掌握谈判对手个性的一个重要信号，因为口头语更能反映一个人内心的真实情况。口头语往往是逃过了意识的警觉、脱口而出的话，也正因为如此，我们才能看到口头语后面深藏的潜意识。对销售人员来说，它们是打开客户心门的一把钥匙。

在谈判中，经常使用的口头语有哪些？这些口头语又分别代表怎样的心境和性格特点呢？下面列出了常见的口头语以及说这些口头语背后的心境：

①经常使用“我个人的想法是……”“是不是……”“能不能……”之类词汇的人，较和蔼亲切，能做到客观理智，冷静思考。面对这样冷静的谈判对手，你也要表现出这种淡定，让对方感受到你的可亲可敬。

②经常使用流行词汇的人，热衷于随大流，喜欢浮夸，缺少个人主见和独立性。对这样的谈判对手，你可以使用一些流行、前沿的概念，让他们感受到你见多识广、专业性的一面，帮助你取得他们的认可和信任。

③经常使用“确实如此”的人，大多浅薄无知，自己却浑然不觉，还常常自以为是。这时候，你要表现出自己专业、博学的一面，以获取他们的敬服。

④经常使用“绝对”之类词语的人，通常做事武断，他们不是太缺乏自知之明，就是自知之明太强烈了。面对这类谈判对象，你要让他们说出自己的条件、要求，而后再表明自己的立场，这样会让自己居于进可攻退可守的优势地位。

⑤经常使用“这个……”“那个……”“啊……”的人，说话办事都比较小心谨慎，一般情况下不会招惹是非，是个好好先生。在沟通中，跟这类谈判对手交谈一定要使用模糊的词语，并且不要逼他们表态，努力争取他们从内心与你合拍。

⑥经常使用“其实”的人，自我表现欲望强烈，希望能引起别人的注意。对这类谈判对手，你可以多几句赞美，让他们感受到你的热情。

⑦经常使用“我……”之类词汇的人，总是寻找各种机会强调自己，以引起他人的注意。在谈判中，要给他们机会发表个人意见，并仔细倾听，让他们有被重视的感觉，以换取他们的好感，增加谈判的砝码。

从回答中判断对方是否有决定权

谈判有道

只有了解清楚谈判的对象谁有决定权，才能让自己的谈判方向不跑偏，谈判策略有针对性，更好地发挥谈判优势。

在影响谈判的所有因素中，选择谈判对象是至关重要的，如果连谈判对象都搞错了，又何来的成功谈判呢？

谈判对象的选择是谈判的首要环节，那么，如何在谈判的首要环节保证自己的谈判不是“对牛弹琴”，显然，那就是要选择有决定权的谈判对象。这里说的有决定权的谈判对象是指那些能够做出“是”与“否”决定的人。

那么，在这里，就有一个怎么判断一个人是否有决定权的问题。谈判中少不了语言的沟通，主动问一些带有目的性的问题，从对方的回答中抓取蛛丝马迹，就可以发现谁有决策大权了。

要想快速判断谈判对象是否具有决定权，你可以在谈判中时常问对方：“这件事您可以做主，是吗？”

一般这样的问题会有两种回答，一种回答是“YES”，一种回答是“NO”。如果对方回答是的话，很显然他是有决定权的，那么你接下来的谈判就有的放矢了。

如果是否定回答，就有必要不断地问对方类似的问题，理想的情况是他会回答你尽力替你在领导那儿争取。而往往到了这一步，对方实际上也就把自己的身份透露了，实际上，他很可能就是那个所谓的“领导”“上级”。这种请示只不过是他玩儿的一种谈判技巧罢了。

一个年轻人在蒙哥马利百货公司申请了一份实习工作。

在实习开始前，这位年轻人要接受商店经理约翰逊·罗的面试。由于各种原因，面试并不顺利，最后，约翰逊·罗经理告诉这位年轻人：“非常感谢你来参加这次面试，我会向总部报告这件事情的，他们会给你消息的。”

这位年轻人马上说：“你会向他们推荐我的，对吧？”听完这句话，约翰逊·罗开始了激烈的思想斗争。因为，他并不打算向什么总部推荐这位年轻人。可是他又不便于直接拒绝这位年轻人，因为这样很容易使对方产生对抗情绪。

他思考了几分钟，说道：“好吧，是，我可以给你一次机会。”并且马上告诉这位年轻人，根本不存在什么总部，他本人就能做决定。

在谈判中，如果你不知道谈判对象是否具有决定权，必须学会在谈话中去判断对方是否手握决定权。如果这位年轻人在听到商店经理要向总部请示的时候悻悻离开，也就不会有经理激烈的思想挣扎，那这次实习的机会也就失去了。正因为他努力在谈话中去试探这位商店经理有没有最后的决定权，才取得了面试谈判的成功。

因此，如果你在谈判中遇到对方会说“我需要请示总部”“我需要问一下董事会的意见”“我需要向我们的法律部门咨询一下”等情况时，你要警惕这是不是对方玩儿的谈判技巧，如果不能判断清楚，你会觉得自己永远见不到有真正决定权的人，永远只能被对方牵着鼻子走，那么，成功的谈判又从何开始呢？

而那些在谈判一开始就宣称自己有权做出最后决定的人对你来说则是一件幸事，因为他们首先把自己放在了不利的位置上。一旦对方表示出了同意的意向，也就相当于告诉你这笔交易可以成交了。

此外，还有一个特别值得注意的现象就是，没有决定权的谈判对手在谈判中一般是使用模糊的实体作为“更高权威”。因为，他知道，一旦他明确告诉你他的请示对象是他的上司，你要做的就是直接与他的上司谈判。

只有了解清楚谈判的对象谁有决定权，才能让自己的谈判方向不跑偏，谈判策略有针对性，更好地发挥谈判优势，让自己居于主导地位，赢得谈判的胜利。

谈判中如何做到有效聆听

只有优秀的聆听者才能成为一名真正的谈判高手。

谈判中，听的必要性和意义显而易见，但要听得明白和能准确理解对方的表述却并非那么容易。因为你还不会有效聆听。谈判专家常说这么一句话“只有优秀的聆听者才能成为一名真正的谈判高手”，为什么这么说呢？那是因为倾听可以做到让你了解对方的观点，体会他们的感情，而有效聆听却更上一层楼，它可以让你听得更明白，让你在谈判中发现对方的真正需要，还可以促使对方说得更清楚，那么，如何成为一名优秀的聆听者呢？

具体来说，谈判中要做到有效聆听需要做到：

（1）边听边想

首先认真聆听，不能只是机械地用耳朵听，听的同时要勤于思考，大脑要不停地运转，不仅仅要听清楚对方在说些什么，而且要快速分析对方的言语中那些有效的信息，然后根据情况做出相应的反应。简单概括就是，认真听的同时，对对方的话进行信息收集、信息分析、信息判定。

（2）提高注意力

听的过程中，提高注意力是必要的，这样才能保证将对方的讲话“听进心去”，具体做法是身体前倾，稍微低一下头，脸上表现出认真听的神情。要把注意力放在对方的讲话内容上，不要过多关注他的讲话风格。

（3）理解对方

聆听中，要表现出站在对方的角度去考虑对方的诉求、理解对方做法的神情。一定不要认为理解对方的观点就是在灭自己的威风，长他人志气，是在向对方妥协。理解不等于赞同，你完全可以理解对方的处境，但是也可以绝不赞同对方的意见，两者并不矛盾。

（4）适时问话

如果在认真聆听的过程中，在合适的时候插上一句“要是我没有理解有误的话，您的意思是不是……”或者“您看我领会的对不对，按照您刚才的说法，我们是不是要这样做……”这样做的好处是让对方知道你不但在听他讲话，而且是在认真地听，他们会因此感到受重视而内心欢喜，同时，也检验了你聆听的效果。

（5）简单记录

为了更好理解对方的意思，可以就双方的谈话进行简单记录。这样做的好处一是可以节省大量的时间，二是会让对方感觉你非常关心他所讲的内容，从而提高交流的兴致，也会让表述更加精确。

（6）重复观点

情况是这样，只有让对方确信你完全理解、领会了他们的意思，他们才会重视你。为了达到这一目的，你可以先将对方的观点重复一下，然后再指出其问题所在。要是你能比对方更清楚地表明他们的观点，再进行含义明确的反驳，就会大大增强双方根据实际情况进行友好协作的可能性，同时，也会减少他们认为被误会的可能。

另外，聆听中一定不要轻易打断别人的谈话，更不要在对方还没有说完时就发表自己的评论。一旦你打断别人的话，开始做出评论，对方就会停止讲话，所以，一定要保持耐心，等对方说完之后再说自己的观点、看法。

对方的讲话可能不符合客观情况，也可能不合你的“心意”，这种情况下，要摆正心态，克制自己，如果还想继续与对方谈判下去，就尽量不要打断对方的讲话，等对方讲完了再去说自己的看法。

第六章

捕捉对方微动作，洞察变化背后的意图

如果能透过扑朔迷离的表面洞察其隐秘的内心，就可以随时调整谈判方向，选择更好的谈判策略，为己方争取更大化的利益。

读懂暗示信息，避免盲目谈判

谈判有道

谈判中，需要耐心倾听，仔细观察，读懂对方在言语中的种种暗示，以获取更多的信息，避免盲目谈判。

生活中有大量的话是不用直接说出来的，在话里带出来就可以了。此外，还有不能直言的意思，得靠暗示来传达，“一语双关”“含沙射影”“指桑骂槐”都是这时候惯用的技巧。显然，如果能读懂这些暗示，自然会有助于谈判。

其实，我们每个人在生活中都经历过这样的语言暗示。两位恋爱的年轻人，女孩子比较矜持，大多喜欢用暗示的话来告诉男孩子他应该做的事。

比如，情人节快到了，A的好朋友收到男朋友大捧玫瑰花，A可能不会直接向自己的男朋友要玫瑰花，但会告诉他“某某的男朋友送了大束玫瑰花给她，她好幸福”之类的话，那么这个时候A的男朋友需要做的是什么呢？毫无疑问，买花送女朋友！

暗示可分为语言暗示、表情暗示、动作暗示等，在谈判中读懂这些暗示是至关重要的。语言暗示是最常见的，也是相对容易让人领会的。简单说，语言暗示就是意在言外。出于各种原因和心理，当事人有话不直接说，而是“绕着”表达，把要真正想表达的意思隐含在话里。

表情暗示也是十分丰富的，因为人的面部表情就是丰富的，喜、怒、哀、乐、恐诸表情都在脸上，有人统计过，可以被人们看出来的表情一共有2000多种。有人说，表情是潜意识的告密者，理论依据在于表情是受理智控制的，并不是内心悲伤，脸上就一定会显现出悲伤的表情，同样，内心兴奋，脸上却完全可以显出悲伤的神情，所以，表情并不能诚实地表达出真实的内心，也正因为如此，才让表情暗示更为复杂。

要想读懂对方的表情暗示，需要从细节入手，多注意观察对方表情中的微表情，一个人的微表情往往隐藏着真实。比如对方虽然一脸镇静之色，但是眼神中却流露出一丝惊慌，如果你能捕捉到那一闪即逝的眼神，也就了解了对方真实的内心。

A公司是做设备更新的，他们获悉B公司想要购买一套先进的设备，便派一名高级工程师与B公司接触和谈判。为了不负使命，这位高级工程师做了充分的准备工作。谈判开始，他根据行情提出24万元的采购价格。B公司负责人员表示价格太高，不能接受。所以紧接着A公司代表又列出同行其他公司的报价，以示本公司给出的报价已经很低了。B公司负责人员还是觉得价钱太高，希望A公司有所降价。

这位工程师聪明地把问题扔回去：“您觉得多少合适呢？”B公司代表表示20万。为表诚意，A公司工程师表示愿意降价1万，同时说明不能再降了。这时他细心地观察到B公司负责人员一瞬间的眼神交流，心想：成了，但是B公司肯定还会试探。

果然，B公司代表人员仍然表示不满意价格。这时工程师心里已经有了9成的把握，所以他坚定而又不失礼貌地说：“这已经是本公司能给出的最低价格了，若贵公司觉得不妥，可以看看其他公司，没有关系的，下次有机会我们还可以合作。”最终他成功地以超出预计2万元的价格拿下了这笔订单。

再说动作暗示，动作暗示属于一种肢体语言，它往往能够将本人没有说出口的东西显露出来，这种肢体语言往往是无意识的，或者说是潜意识的，因而更能反映人内心的真实想法。我们在谈判中如果能够迅速“读懂”对方的肢体语言暗示，那么就能够及时调整自己的谈判策略。

在一次中英贸易谈判中，双方谈判进行还算顺利，但当谈到双方的条件时出现了分歧，中方觉得英方提出的价格太高。激烈的争辩后仍没有结果，中方要求休息。

休息过后，中方给出了自己的价格，并表示不再退让，英方一度表示沉默，就在大家以为这单生意黄了的时候，中方主谈发现到英方主谈僵硬的左肩有稍微的抖动，他便知道谈判会成功，于是坚持己方价格不退让，最终英方果然同意按照中方价格签署合同。

谈判中，当对方选择不看你，眼睛注视着窗户等其他地方的时候，你就要意识到对方可能是对现在的话题不感兴趣，你应该及时调整话题方向。

再比如，当对方在与你谈话的时候眼神发呆，很有可能是你的话过于啰嗦，他已经听懂了你话的意思，你就没有必要一再重复，一再强调，应该尽早进入下一个话题。

此外，当对方与你谈判中，不由自主地将自己的身体向前倾，就是表示，他对现在的话题“很感兴趣”，这时候，你就应该对相关问题做更深入的解释，并且还要及时询问对方有没有什么问题。

那些小动作背后的心理动向

谈判有道

谈判中，要认真观察，仔细揣摩谈判对象的小动作，再结合其他信息，精准判断这些小动作背后的心理秘密。

一项研究表明，在传达信息时，三分之二的信息是通过肢体语言传递的，剩下的三分之一的信息才是由语言传递的。这就突显了肢体语言在传递信息时的重要性和非凡意义。肢体语言的背后都有相应的心理状态与之相“呼应”。谈判中一些看似无意义的小动作实际上却显示了当事人的一些心理动向，“读懂”这些心理小秘密对谈判有着非常重要的助益。

头部是人体活动最频繁的部位之一，同样也是蕴含人内心丰富想法的器官之一，点头、摇头、抬头、歪头、低头等都有可能传递着动作实施者其内心的真实情感和态度。通过这些富含意义的头部动作，谈判者可以洞察对方复杂的内心世界。

常见的头部动作以及所表达的含义如下：

（1）头部低垂

这个姿势蕴含的信息是“我不够自信”“我能力欠缺”。

（2）压低下巴

这个动作意味着否定、审慎或者具有攻击性的态度。

（3）头部高扬

这个动作是当人们对谈话内容持谨慎态度时常常做出的动作，是对方有意投人的行为。

（4）头部高高昂起，同时下巴向外突出

这个动作行为通常显示出施者强势、无畏或者傲慢的态度。谈判中要小心应付这类型的人。

（5）摇晃头部

这个动作常常表示说话者正在说谎而且试图压抑住要表示否定的摇头动作。另外，这个动作常被用来表示惊奇或震惊。

（6）缓慢点头

点头的动作在大多数时候都是用来表示肯定或者赞成的态度。在交谈的时候，通过点头的频率还能够推测出聆听者的耐心程度。缓慢点头常常表示聆听者对谈话内容很感兴趣。谈判中如果发现对方有这个现象，要抓住机会攻关。

（7）快速点头

这个动作是在告诉说话人，他已经听得不耐烦了，或者是催促说话人马上结束自己的发言，这种情况下，发言者要提高警惕，防止对方突起发难。

（8）头部僵直

这个动作常表示对方心不在焉且毫不惧怕，或者代表了对话题不感兴趣。

（9）把头部向一侧倾斜

这个姿势不仅暴露出人们的喉咙和脖子，还会让人显得更加弱小和缺乏攻击性。因此这个动作表示了一种内心的顺从。

相对于上部分肢体语言（表情），下部分肢体语言（腿脚动作）却往往更带有真实性。因此，在观察对方的肢体语言时，一定要把腿脚部的动作作为首选观察对象。

腿脚部有几个动作需要注意："二郎腿"、"架腿"、"4"字腿、"快乐脚"、"转向脚"。

"二郎腿"不代表对某人怀有敌对意义，但是却容易被人误解为不尊重自己，所以，谈判中，如果对方突然改变了坐姿，翘起了二郎腿，那么就说明对方对你怀有敌意。当然，如果你对对方没有敌意，就不要面向对方翘二郎腿。还有一种情况是说话时翘起二郎腿，这是觉得自己处于优势地位而表现出一种稳操胜算的姿势。

"架腿"，即架腿而坐，一般有拒绝对方并保护自己的意思。如果不断变换架腿姿势，则表示情绪不稳或者焦躁、不耐烦。

"4"字腿的姿势是：在普通坐姿的基础上，将一只脚的脚踝放在另一只腿的膝盖处，两条腿的姿势看起来就好像一个"4"字形状一样。当一个人出现"4"字腿时，无论是翘起的膝盖对着别人，还是翘起的那条腿的脚底对着，都是对对方的不尊重，所以，谈判中要避免出现"4"字腿的坐姿。

"快乐脚"就是腿脚部不停地摆动或颤动。"快乐脚"通常表露了内心的欢愉。虽然对方的欢愉不会在面部表情上表现出来，但往往会通过他的"快乐脚"表露无遗。谈判中，如果你发现了对方出现了"快乐脚"，那就说明对方对谈判的进度和成果是满意的。

"转向脚"就是一个人将自己的双脚脚尖偏离自己不喜欢的

人或物，这往往表明这个人不愿意与那个人交流，想离开现在的位置。

谈判中，如果发现对方出现“转向脚”，就要认真琢磨一下与对方的交流是不是出现了重大的纰漏，以至于让对方想逃离。

通常情况下，同腿脚部动作一样，躯干动作也可以诚实地反映出当事人的情绪状态。当一个人把腹侧倾向于某人或某物时，说明他喜欢某人或者某物，愿意与之接近。相反让自己的腹侧远离或者背对某人或某物，则说明不喜欢这个人或者物，不愿意与之接近。

谈判中，如果对方出现腹侧前倾的动作，表明他对你很信任和亲近，愿意与你做进一步的交流合作，此时，你要利用好这个机会。相反，如果对方出现了腹侧远离的动作，那么就意味着对方对你怀有戒心，不信任你，甚至怀有敌意，这时，你就要想法让对方解除戒备心理，放心与你谈判。

还有一个躯干动作比较常见，就是双臂交叉于胸前并且抱紧。这是一种自我保护的动作，是下意识将自己与不喜欢或者抱有敌意的人隔离开。谈判中，如果对方出现了这个动作，最好停止劝说对方接受你的建议，或者改变一下沟通的方式。如果对方放下了交叉的双臂，则预示你的劝说起到了效果，你就可以继续之前的说辞了。

每个人都有自己的小动作，而且常在不经意间流露出来，它往往能够真实地反映出一个人的内心活动。如安慰性小动作：搓手、搓额头、抚胸等，这些动作反映出内心的焦灼不安。谈判中，如果对方出现了安慰性动作，你就可以推断出你的话可能让对方感到不安和紧张。

咬牙切齿的动作表明了当事人处于非常气愤的状态，可能是由于不便发泄内心的怒火，所以用这个动作来缓解。谈判中，如果发现对方出现了咬牙切齿的动作，就要想办法熄灭对方的怒火，以防矛盾升级。

小动作有很多，而且不同的人，小动作往往可能代表不同的意义。谈判中，要认真观察，仔细揣摩，结合其他信息，精准判断这些小动作背后的心理秘密。

眼球位置和眼神的“秘密”

谈判有道

眼睛是心灵的窗口，也是泄露秘密的“门户”。要学会观察，透过这扇特殊的“窗户”获得你想要知道的信息。

眼睛是心灵的窗口，也是泄露秘密的“门户”。一个观察力很强的人可以从他人的眼神中发现很多问题，虽然对方未曾说过一句话。

实际上，通过眼神看透人的内心世界是符合科学的。当我们的眼睛看一些东西的时候，通常会表现出各种眼色表情，眼球的运动模式及角度将会透露出一些内心的信息，也就是说，不管一个人的心里正在打什么主意，他的眼睛都会立刻忠实地告诉别人。下面是关于眼球位置的“秘密”：

眼球在中央

当一个人的眼球处于眼睛中央位置时，说明这个人的思维活动正处于当下。当一个人决心已定时，他的眼球就会处于眼睛中央位置。情况往往是，当他准备做出决定时，他的眼球会一动不动地位于眼睛中央一会儿，然后才会坚定地做出决定。因此，谈判中，如果要给对方一种自信和坚定的感觉，那么就要使自己的眼球处于眼睛中央位置。

相反，如果你发现对方在承诺什么事情时，眼球没有处于眼睛的中央位置，那么你就要对他所承诺的事，多加考虑，防止上当受骗。

眼球向左转

当一个人的眼球向左转时，说明他的思维还停留在过去状态。比如说，要求一个人回忆过去某事时，他的眼球就会出现向左转的情形。如果没有出现这个动作，通常表明对方在撒谎。比如问商场洗衣液导购："今天上午洗衣液的销售量是多少？"这个问题是需要回忆才能做出回答的。如果对方没有出现眼球向左转的动作，而且也没有出现其他变化，而是直接做出回答，说明答案可能是虚假的。

眼球向右转

当一个人的眼球向右转，通常表明这个人的思维处于对还没有发生的事情的想象中。比如说当你对未来生活憧憬时，你的眼球通常就会向右转。谈判中，当一个人的眼球向右转时，往往表明这个人的话存在一定的虚假性。

眼球向上转动

一个人眼球向上转动，通常表明他正处在思考和想象之中。谈判中，如果发现对方的眼球向上转动，那么对他的话，你就需要认真琢磨了，因为他的话可能是谎言。

眼球向下转动

一个人眼球向下转动，往往表明这个人正处于潜意识状态。当一个人处于后悔或者愧疚状态时，也会出现眼球向下转动的情况。

谈判中，通过观察对方眼球的转动情况，判断对方是否在说谎，要根据具体情况而定，不一定百分百准确，还需要结合其他表现，综合判断，这样才能得出更为准确的判断。

眼神透露出人们隐藏的性格和隐藏在内心深处的想法，下面就是常见眼神所包含、代表的不同含义。了解这些关于眼神的秘密，对谈判者来说有着很大的助益。

（1）眼睛流露善意

这种眼神代表了拥有人积极乐观，心存慈悲。

（2）眼睛横竖

拥有这种眼神的人性情通常很刚烈。

（3）眼神坚毅

这种眼神代表了信心满满。

（4）眼神明澈

这种眼神表示了为人正直、坦荡，心胸博大。

（5）眼神狡黠

这种眼神通常表示拥有者为人做作、心胸狭窄。

（6）眼光游离

这样的眼神代表了为人狡诈，而且惯于撒谎。

（7）眼神深邃内敛

这样眼神往往表示拥有者善于克己。

（8）眼睛明亮有力

这是精力充沛的表现。

（9）眼睛乏力而混浊

这样的眼神代表了疲惫不堪。

（10）眼睛斜视不语

这样的眼神代表了施行者心怀不满。

（11）眼睛上扬

这个动作属于假装无辜的表情，似乎是当事人意欲证明自己确实无罪。

（12）眼珠转动迟缓

这个动作通常表示当事人感情起伏少，受他人影响较小。

（13）目光闪烁不定

有这种眼神的人往往缺少对事情深思的能力，属于浮躁的冲动派，通常情况下不被信任，有撒谎的倾向。

（14）目光盯着一处不动

这种眼神表示当事人精神不安定，烦躁不安，且内心深处有怨怒之气。

（15）眼睛往上吊

这种眼神往往预示着当事人心里藏着不可告人的秘密。拥有这种眼神的人性格消极，眼睛不敢正视对方。

（16）眼睛往下垂

这个动作有轻蔑对方之意，或者就是不关心对方。有这种眼神的人通常个性冷森，本质上只为自己着想，属于自私、任性的人。

从坐姿上窥探对手内心秘密

谈判有道

坐姿表现了一个人的个性以及内心的想法，可以从一个人坐的方式、坐的姿势中，窥探出这个人是个什么样的人以及他内心的心理动向。

心理学研究表明，座位的选择与人的心理因素有着紧密的联系，同时，坐姿则更表现了一个人的个性以及他内心的想法，因此，可以从一个人坐的方式、坐的姿势中，窥探出这个人是个什么样的人以及他内心的心理动向。

谈判中，就可以利用这个辩证关系捕捉对方的心理变化。下面是不同的坐姿所透露出的人的不同心理：

（1）温顺型的坐姿

具有温顺性格的人坐着时喜欢将两腿和两脚跟紧紧地并拢，两手放于两膝盖上，做得端端正正。这种人一般性格内向，为人谦逊。跟这类人谈判不用过于担心对方会挖“坑”害你。

（2）坚毅型的坐姿

具有坚毅性格的人坐的时候喜欢将大腿分开，两脚跟并拢，两手习惯放在肚脐部位。通常这种人富有勇气，也有决断力。谈判时，如果对手是这种类型的人就需要你做好“打硬仗”的心理准备。

（3）羞怯型的坐姿

羞涩的人坐的时候喜欢把两膝盖并在一起，小腿随着脚跟分开成一个“八”字样，两手掌相对放于两膝盖中间。这种人相对害羞，感情细腻。如果这种人出现在对方阵营，那么你就要小心他会在专业领域为难你，因为这类型的人多在专业领域占据优势。

（4）自信型的坐姿

对自己自信的人坐的时候通常将左腿交叠在右腿上，双手交叉放在腿跟两侧。这类人有较强的自信心，非常坚信自己对某件事情的看法。要小心应对这类型的人。

（5）古板型的坐姿

古板型人坐着时喜欢两腿及两脚跟并拢靠在一起，双手交叉放于大腿两侧。这类人为人古板，从不愿接受别人的意见，有时候明知别人说的是对的，但他们仍然不肯承认，却偏要坚持己见。这种人也属于不好应对的人，要做好心理准备。

（6）冷漠型的坐姿

冷漠型人坐的时候通常将右腿交叠在左腿上，两小腿靠拢，双手交叉放在腿上。这种人给人的感觉非常和蔼可亲，很容易让人接近，但事实却恰恰相反。

（7）悠闲型的坐姿

休闲型人喜欢半躺而坐，双手抱于脑后，一种怡然自得的样子。这种人性格随和，与任何人都相处得来，也善于控制自己的情绪，因此较容易能得到信赖。

（8）重重地坐下去

如果来人重重地坐下，表明此时对方的心情一定是烦躁的。要尽可能不要激怒对方，以防引发不必要的矛盾。如果是轻轻坐下去，那表明此时的心情是平和的。如果猛然坐下，则表明其内心或隐藏着不安，或有内情不愿意表露。

（9）双腿不断相互碰撞或不断地拍打地面

如果有这样的表现，则说明此时一定有什么事使他紧张和焦躁。

（10）喜欢与人对着坐

这个行为表明他希望能够取得对方的理解。如果喜欢与人并排坐着，则表明他认为与对方有共同感。如果有意识从并排坐改为对着坐，则表明或是对谈话对象抱有疑惑，或是对对方有了新的兴趣。

（11）有意识挪动身体

这个行为表明想在心理上与对方保持一定的距离。

不同的坐姿体现了不同的心理，学会通过坐姿来了解谈判对象的心理是一种能力，也是一种改善关系的手段。要学会这一本领，这对改善与谈判对象的关系，加强与对方的沟通非常有益处，有的时候甚至能帮上大忙。

由笑声了解对方的情绪波动

谈判有道

笑有真有假，要了解谈判对象不同笑声背后隐藏的真意，借以帮助自己了解对方的性格和心理特征。

笑是一种蕴含丰富的“语言”，可以传递出诸多的情感。笑有很多种，有微笑、有苦笑、有冷笑、有开心的笑，还有痛苦的笑，等等，不同的笑代表着不同的含义。而不同的人笑的习惯也不一样，有的人笑得爽朗，有的人笑得含蓄，即使是同一个人，在不同的场合和氛围之中笑的形式也是大有区别的。

谈判中，谈判对象也会有很多发笑的时候，只有善于观察和分析，才能够发现各种笑声背后隐藏的真正含义，从中解读出对方的内心，把握其传递出来的信息。

（1）含笑

含笑是一种程度最浅的笑，具体表现是：不出声，不露齿，仅是面含笑意。含笑透露出的意思是表示愿意接受对方，待人友善。通常为了表示礼貌，谈判双方都会含笑对待彼此的，如果怒目而对，那么谈判就很难进行了。

（2）微笑

微笑是一种比含笑的程度稍微深一些的笑。它的特点是面部已有明显变化：唇部向上移动，略呈弧形，但牙齿不会外露。

微笑有真假，真诚的微笑是内心愉悦的反应，而虚假的微笑则可能出于敷衍、欺骗。如何区分真假微笑呢？当一个人的微笑出于真心时，他的嘴角会微微向上扬起，并且眼睛眯起。

在微笑的过程中，嘴角上扬是可以受到理智控制的，可是理智却很难有效控制眼睛的变化，即使能控制，也会显得不自然，这就是所谓的，虚假的笑容很难笑到眼睛里。

有些擅长伪装的表演高手，虚假微笑时，可以在嘴角上扬的同时，有意识地眯起眼睛。两者的区别在于，虚假的微笑，眯眼睛和嘴角上扬几乎是同时进行的，而自然真诚的微笑，首先嘴角上扬，随后才会出现眯起眼睛的动作。仔细观察，就会发现不同。

谈判的过程中，如果发现对方向你展露了一个微笑，不要以为是赞同你的观点，可能对方是在敷衍你，也可能是在欺骗你。要多注意观察，认真区别真假微笑。

（3）轻笑

轻笑比微笑的程度更深。特征是面容进一步发生变化：嘴巴微微张开一些，上齿显露在外，不过仍然不发出声响。它表示出内心的欣喜、愉快，多用于会见亲友、向熟人打招呼，或是遇上喜庆之事的时候。轻笑表示他很愿意见到你，或者对你的建议很感兴趣，有愿意接受的心理。

（4）浅笑

浅笑俗称抿嘴而笑，表现为笑时抿嘴，下唇大多被含于牙齿之中，多见于年轻女性表示害羞之时。在谈判中，浅笑往往表示对方说错了话，或者因为某些话题让人不好意思而显示出的一种害羞，这通常表明谈判一方已经获得对方的好感，被对方所认同。

（5）大笑

大笑是程度很深的一种笑，特征是面容变化十分明显：嘴巴大张，呈现为弧形；上牙齿和下牙齿都暴露在外，并且张开；口中发出"哈哈哈"的笑声，但肢体动作不多，多见于欣逢开心时刻，心情欢快，或是高兴万分。

在谈判中，大笑表示对方很尽兴，或者内心充满极大的愉悦，这时谈判另一方如果适时地提出要求，则很可能会获得对方同意。

（6）苦笑

苦笑一般出现在遇到比较为难的问题又无法解决的时候，表现了人们内心的一种无奈和痛苦。比如销售谈判，如果销售人员给了客户很多的压力或者条件很苛刻，客户一时难以做出决定，就会表现出无奈的苦笑。

这个时候，销售人员不宜再给客户施压，否则很可能使交易走向失败，而应该真诚地为客户提供解决的方案，帮助客户寻找两全其美的方案，解除客户的无奈和痛苦，才会得到客户的感激和信任。

（7）掩嘴笑

这种笑，往往出现在发现别人犯了不该犯的小错误，或者做出比较怪异的动作、说出不合常理的话，而偷偷发笑，这种笑并没有嘲讽的意思，而是充满了善意。

比如在销售谈判中，如果销售人员的讲解或者认识显得比较肤浅和幼稚时，可能就会引起客户掩嘴而笑。这样的客户往往知识比较渊博、思维灵敏、比较大度、富有涵养，在销售人员面前会表现出一种优越感和成就感。

当发现客户掩嘴偷笑时，销售人员不必感到尴尬，可以用幽默的方式进行自我解嘲，反而会让自己显得可爱，也会借此拉近彼此的距离。

（8）皮笑肉不笑

这种笑是一种很轻蔑的笑，表示对他人不屑一顾，或者对他人的观点不予认同，多出现在比较严肃的谈判者身上。如果谈判一方所说的话无法赢得另一方的信任时，另一方有的时候就会报以不以为然的笑。

面对来自谈判一方的这种笑，不必灰心和失望，而应该积极地寻找突破口，如改变话题，列举翔实数据，努力使对方相信并接受自己的观点。

不同的笑声反映出人们不同的心理，也反映出了人们不同的性格，对谈判者而言，要了解谈判对象不同笑声背后隐藏的真意，借以帮助自己了解对方的性格和心理特征。

第七章

加强心理诱导，潜移默化影响对方

潜意识透过心理暗示所发挥出来的力量是惊人且不可思议的。要借助心理暗示的作用，要不露痕迹地说服对方。

让谈判对手看到利益

谈判有道

利益是最好的心理诱惑。要抓住谈判主动权，有必要让对方看到和自己谈判能够得到的利益。

谈判争取的是共赢，说穿了这个共赢就是指利益上的共赢。无论是什么性质的谈判，如果没有利益的获得，这场谈判也就失去了它应有的意义。

当然，利益有多种形式，不止于金钱方面的获得。因此，要吸引对方跟自己谈判，要抓住谈判主动权，有必要让对方看到和自己谈判能够得到的利益。利益是最好的心理诱惑。

看下面这个故事：

一心想出人头地的福勒最终决定选择做肥皂生意，整整12年，他都坚持以上门推销为主，这让他赢得了很多客户的信赖。一天他获知供应他肥皂的公司将要拍卖出售时，他急忙赶了过去，准备买下这家肥皂公司。当时这家公司的售价是15万美元，可是福勒只有2.5万美元的存款。福勒没有放弃，而是找公司的负责人谈判，最后两人达成协议，协议说明，福勒先支付2.5万美元的保证金，然后在接下来的10天内凑齐剩下的12.5万美元。如果10天内没有凑齐，那么肥皂公司将不再退还他的2.5万美元的保证金。

福勒开始了筹款，由于他之前的人缘较好，所以他成功地筹到了一些钱，到第10天夜里，他一共筹集了11.5万美元，还差1万美元。当时的情况是，福勒已经把自己所能筹到的钱都筹集到手了，实在没有办法再去哪儿筹那剩下的1万美元了。

约定交余款的时间马上就要到了，福勒感到了一阵阵绝望，他甚至跪下来祈求上苍指出可以借他钱的贵人，但最后，福勒还是决定依靠自己。他走出家门，驱车前往商业大街，准备向这条大街上亮着灯光的第一家办公寓所的主人借钱。

夜里11点钟时，福勒到达了这条商业大街。下了车后，福勒看到第一家亮着灯光的办公寓所是一家承包商办事处，他没有犹豫走了进去。承包商恰好在，福勒觉得要把握好这个机会。于是，面对一脸突兀的承包商，福勒开门见山地问："你想赚1000美元吗？"承包商从生意人的角度出发，爽快地回答想赚。福勒又说："如果你能现在给我开1万美元的支票，等我归还这笔钱时，我会另外支付你1000美元的利息。"

为了取得承包商的信任，福勒把自己的情况如实地向对方作了说明，并把其他借款人的名单展示给对方看。最终，承包商被1000美元的利息所打动，给福勒开了1万美元的支票。这样，福勒成功地筹到了12.5万美元。

正如上面所说，利益是最好的心理诱惑。在己方利益允许的范围内，给予对方看得见的利益，就会在一定程度上让对方心动，进而促进交易。

很多时候，让谈判对手看到利益，往往需要做必要的让步，做出让步并不意味着谈判失败，有目的的让步，是对方让步的必要投资，只有这样，双方才容易达到双赢的谈判结果。

虽然在谈判中忌讳随意的让步，但是作为一名出色的谈判者要学会利用对自己并不重要的条件，去交换于己有利的条件。而这些于己不太重要的条件很可能就是对方重视的利益。

如果在谈判中死守着自己的利益寸步不让，那就容易造成谈判局面的僵持，各自的利益都不能得到满足。而没有双赢哪里来的合作？ 所以首先要树立承认对方利益的态度，不能认为只有自己的利益才是利益，对方的利益就不关你什么事了。如上面所说，如果你能在保证自己利益的前提下，和对方解决利益冲突，相信每一次谈判都会很有成效。

有一次，“红牛”饮料集团搞促销活动，这个活动中安排了免费试喝，那些工作人员将一杯杯红牛饮料递给现场顾客喝，此外，还有买一瓶红牛饮料就可以参加一次投篮活动，投得好也有奖品。还在旁边搭了一个舞台，邀请现场的人上台比赛，比赛活动很简单，冠军可以获赠一箱红牛饮料，其他人也可以获得6瓶。

在这场促销中，最开始活动没几个人参加，因为大家都有点不敢相信，但是看到参加的几个人真的获得了奖品，第二轮的活动就有好多人参加了。

“红牛”集团的促销策略就是先给顾客一定的好处，让利顾客，然后通过免费宣传达到做广告的目的。让谈判对手看到从自己这里可以获得他们想要获得的利益是一种成功的谈判策略。

共同利益也是对方利益的一种，如果能在谈判中经常提到你们通过合作可以获得的共同利益，就会激起对方的欲望，从而拉近彼此的距离。因为在认识共同利益的基础上，对方会更容易接受合作的条件，也会主动为了达成合作而努力，甚至还有助于消除彼此立场上的冲突。

让对方认识到共同利益的方法也有很多种，在谈判中经常使用的就是把对方划入“我们”的行列。“我们”这个词可以帮助你和对方建立同伴意识，你说“我们”等于是在提醒对方也是利益核心的一员，使对方不知不觉地也参与到你的讨论中来。

比如，在谈判的时候不要直接否认对方的看法，可以选择采取“我们是不是应该考虑考虑其他方法”，“我们好像忽略了一个重要的问题”等相较于以自我为中心的陈述更能使对方认识到共同的利益所在，谈判也自然更容易取得圆满的结果。

可能有人会说：“可是我根本不知道对方谈判追求的利益所在啊！又怎么寻求共同利益？更无法满足对方的利益了。”没错，在谈判之前，没有哪个人会把自己的利益通告给你。这就需要你在谈判中自己去挖掘。

比如，在谈判中不妨就多问对方几个问题，如“您认为我们给出的方案有什么不妥当的地方，没关系，说出来大家一起解决”，“您为什么不接受这个方法，您还有什么更好的点子吗？”等类似的问题，都可以诱导对方说出自己的需求，了解了需要，再设法满足对方就容易多了。

在了解了对方的利益所在后，就要不失时机地给予对方利益的满足。比如“为了我们这次合作的愉快和以后还能有合作的机会，我们愿意在某些方面做出一些让步，比如……”或者“以前每次合作你们做得都很好，我们愿意在这次合作的时候给予一些优惠”等都是很实在的利益，相信会激起对方的认同和感激之情，而你自然也会从中获得收益。

开出高于预期的条件

谈判有道

谈判桌前的结果完全取决于你能在多大程度上抬高自己的要求。

谈判中有一句话很流行，这句话是永远不要接受第一次报价，为什么这么说呢？道理何在？

其实道理并不深奥，很容易弄明白，因为第一次的报价往往都不是最“合理”的价格，高报价符合人自私的天性，肯定还会有下降的空间，如果在对方第一次报价后，就贸然应允，没有抻一抻，挺一挺，那么必然会“便宜”了对方而“亏”了自己。

如果不接受对方的第一次报价，而是继续和对方谈判，讨价还价，对方就有可能失去信心和耐心，甚至心理防线崩溃，谈判就可能出现失误，这样自己就可能因此赢得谈判的胜利。

讨价还价有一个前提是你要开出高于自己心理预期的条件，这样才会给讨价还价留下空间，如果你的开价和对方的要求相距太远，而且你的态度是“要么接受，要么走开”，那么，就很有可能不会有后面的讨价还价的机会了。

有充分的理由可以让你开出高于自己心理预期的条件，第一，条件只是高出你自己的心理预期，不一定高于对方的心理预期，所以对方可能会直接答应你的条件。第二，可以给自己留出讨价还价的空间。第三，在一定程度上会抬高你的产品在对方心目中的价值。第四，还可以让对方在谈判结束时感到自己一方占到了“便宜”。

下面是个实例：

美国政府曾准备贷给墨西哥政府一笔数额巨大的贷款。贷款总额是820亿美元。双方就回报问题进行了谈判。墨西哥首席谈判专家是时任墨西哥财政部长的赫佐格，美方的首席谈判代表是美国当时的财政部长唐纳德·里根以及美国联邦储备委员会主席保罗。

里根提出美方的借贷条件是墨西哥政府要给美国提供大量的石油，以增加美国的战略石油储备。赫佐格代表墨西哥政府表示了同意。里根还提出墨西哥政府要为这次谈判提供1亿美元的谈判经费。实际上，这1亿美元应该算是那820亿美元借贷的利息，可是要以谈判经费的名义提供，这样在国际舆论上更容易说得通。

当墨西哥总统何塞·洛佩斯·波提罗听到里根这个无理要求后，非常气愤，说：“让里根彻底死了这条心吧！1亿的谈判经费，真是不可理喻！我是不可能同意给他的。”一方报价1亿美元，而另一方根本不想给。结果怎样呢？结果以5000万美元成交。

再看一例：

一个律师代表自己的客户与房屋地产商谈购买一处地产。在客户的示意下，他拟出一份条件苛刻的协议，协议共有23项条款，其中一些条款显然要求过分。律师相信，对方根本不可能同意这些过分的要求，至少拒绝一半条款。可是令他吃惊的是，对方看过协议后，居然只对其中一条提出异议，要求修改，而对其他条款则没有表示异议。即便如此，律师还是装模作样地坚持那个条款不予更改，直到最后才勉为其难地接受了对方的要求。虽然律师只放弃了众多条款中的一个，但那个房地产开发商还是认为自己赢得了这场谈判。

这是两个典型的狮子大开口的事例，它们证明了上述理论的合理性。实际上，无论是大事，还是小事，几乎都可以得到折中的结果，这样的事情经常发生，所以不要害怕提出过高的条件和要求。

为了让对方不至于因你开出的条件吓退，不妨暗示对方你的条件是有弹性的，这样就会鼓励对方和你讨价还价，将谈判进行下去，当然，你开出的条件一定要高于自己的心理预期。要不然，讨价还价的后果和自己预期的结果相去甚远。诸多的事实告诉我们，往往你开出的条件越高，你最后得到的也就越多。

提供让对方放心的材料

谈判有道

在谈判进行中，你要尽可能提供出对方可能问到的一切具体问题的数据，以减少对方的疑虑，增强对方的放心度，提高安全感。

俗话说“口说无凭，落字为据”，说的是仅仅口说不算数，要落到书面上才会真正让人放心，人们常说的合同是最好的说服工具，也包含着类似的道理。

书面字据到底能够给人带来多大的安全感，通过下面一例便见分晓。

按照新婚姻法的规定，婚后购买的房产，即使房产证上只有夫妻一方的名字，也属于夫妻共同财产，也就是说写夫妻一方和写夫妻双方的名字是没有区别的。

小A结婚了，婚后小两口在市里买了一套房。买房的钱多数是小A家拿的。小A在房产证上只写了自己的名字，这让他的另一半很不开心。虽然她也清楚，房产证上写老公一个人的名字，和写上他俩的名字，实际上效果是一样的，都属于夫妻共同财产，可是她就是觉得不踏实。

在妻子执意要求下，小A将妻子的名字添加在房产证上。看着房产证上自己的名字，小A妻子终于展开笑颜。

尽管写上，还是不写，并不影响结果，可是一定要写上方肯罢休，方能放心，这就是书面字据带给人的安全感。

日常生活尚且如此，在关乎利益的谈判中，安全感更为双方所看重和争取。任何一个谈判者都希望自己的合作对象是一个信守承诺的人，而在期待承诺实现中，口头承诺的分量远远不够，带给人的安全感是微乎其微的。

口头的承诺随时可以反悔，一点保障性都没有，而书面的东西，一旦签字生效就受到法律的保护。在谈判中，抓住这一心理，主动立下书面字据，就会让对方的安全感大大增加，进而大幅度提高说服对方的力度，会让对方更放心地跟你合作。

出于同样的原因，对方也会希望你在书面上给予一份证明，让彼此的合作关系更有约束力。因此，十分有必要在谈判的时候准备一份书面文字，一来让对方了解得更清楚，二来让对方更有安全感。

一般情况下，书面的资料要准备充分，包括谈判的议事日程，谈判的主要内容，合作中愿意承担的义务，等等，这样一份书面资料交到对方手里，对方感叹你专业的同时，也会有更多的思考时间，促成谈判的早日完成。此外，书面资料相对于人与人之间的直接交谈来说是间接的，这样的方式可以把不方便提的要求用文字的形式表达出来，也给了对方一个了解的机会。

很多谈判人员都遇到过这种情况，自己苦口婆心说了一大堆，在这个过程中，对方并没有提出太大的异议，同时也没有表现出不愿意合作的意向，可就是不下最后的决定。这个时候就要考虑是不是由于没有给出对方书面承诺的原因。

说服对方最好的方式并不是诋毁自己的对手，也不是漫无边际地夸赞自己，而是能够拿出自己有实力跟对方合作的证据。而这种证据莫过于具体的数据信息。假如你适时地把数据清单报表摆在对方面前，可能要胜过你说一千句话。

因此，你进行的一场和陌生客户的谈判，在谈判一开始最好能递给对方一份自己公司的简介，这里面可以包括你公司的规模、主营方向，都跟哪些公司建立了合作关系，最好把有影响力的大公司写在最前面，曾经出色地完成了哪些重要的项目，等等，这样的具体文字显然胜过你单纯地夸自己的公司或者产品好得多。

在谈判进行中，你要尽可能提供出客户可能问到的一切具体问题的数据，比如你们承担的大项目具体执行情况等。就算你不能立即给对方，也要承诺在回去后会整理一份情况报表给对方，以减少对方的疑虑，提高安全感。

谈判进入到实质性阶段是最最重要的阶段，这个时候最考验谈判的诚意，对方肯定希望你能够拿出一份关于这次合作的详细计划书，如果这个工作你没有做好，很难相信会有哪一家公司愿意和没有明确规划的人合作。

如果这些书面的东西，谈判的时候你都不能为对方提供，最好商量一个下次谈判的日期，这样对方会认为你比较有诚意，会愿意给你合作的机会。如果你硬着头皮谈判，却是一问三不知，很难不让对方怀疑你的实力，也就必定会影响谈判的结果，所以，事先准备好书面资料，并在适当的时候展示给对方，会有助于提高你的谈判说服力度。

“早成交”不如“晚成交”

谈判有道

谈判中，不能因为急于求成就匆匆在第一时间同意对方的条件，与其“早一步”不如“晚一步”，有目的的拖延会给对方造成心理压力，消磨对手的意志，增加你的主导性。

下过象棋和下过围棋的人都知道，胜利是不可能一步到位的，是讲究策略技巧的，只有步步为营，在一步一步的进攻、防守中，才能诱惑对方想要跟你成交，甚至建立长久的合作关系。这也正是绝不在第一时间成交的原因。

商业谈判中最典型的就是销售谈判了，因为销售谈判的目标很明确，就是成交。如果不能成交，再精心准备的销售策略，再巧妙的销售技巧都是徒劳无功的。

然而，需要注意的是，虽然结果很重要，但是绝不能在第一时间就成交，马上答应成交可能导致你失去更好的成交条件。

也许你会说，我真的很需要完成这笔交易，我必须马上把它拿下，如果有变数我就得不偿失了。然而，没有哪一笔生意是非有不可的。没有了这个合作对象，你还会有下一个。就好像你看中了一辆汽车，无论是价格、外形、厂家服务还是性能方面都是那么完美无缺。可是，你确定那是你非要不可的吗？说到底它只不过是一个代步工具，所以，在纠结的时候，再问自己一下，那真是我非要不可的吗？

正因为这样，请记住，没有哪个生意是非做不可的，你要随时保持绝不在谈判开始的时候就把交易搞定的习惯。

如果你看过自然频道，一定会注意到，当一只狮子或者豹子追捕一群羚羊的时候，总会有一两次狮子和豹子是没有收获的，当它们在靠近自己的猎物时，很可能会突然停止靠近，放弃自己的追捕。当羚羊走远了，就不会再把精力放在这个羚羊上了，因为它们知道，就算失去这个猎物，还是会有别的羚羊落入手里的。

和动物的这种捕猎方式相同，谈判的时候，第一时间绝不能成交，因为即使现在不成交，接下来还有机会。即使这次谈判没有成交，还有下一次谈判机会。太渴望得到一样东西，往往会被渴望迷住了双眼，失去理智的思考和判断，从而影响你的谈判。

可是，销售人员可能会说了，销售员最需要的就是将自己手中的产品推销出去，顾客不买我的东西，可能会去买别人的产品，还是快速成交更保险一些。

实际上，这种观念是不正确的。

大卫小时候曾经在一家水果摊上帮忙，在那里，他第一次尝试到了做买家的滋味，也体会到了不在第一时间成交的精妙所在。他当时干劲十足，无论是卸货、包装等都十分勤快。

一天，水果摊的老板查尔斯邀请他一同进货，天还没亮他们就上路了，在路上，查尔斯先生开始教大卫该怎么做。

查尔斯让大卫做一个“品尝家”，不管水果有多好吃，就只是摇头和皱眉。

查尔斯一再嘱咐大卫，在确定购买之前，大卫一定要表现出对一切都不满意。千万不能大呼小叫说这橘子真好吃，尤其不要马上就下结论。这是因为不能那么急着成交，因为价格还没降到我们想要的水平。然而，当时的大卫并不知道这样做的用意，但是知道自己只管吃就好了。

到了进货地点，挨着一家一家的摊子走过去，大卫把任务完成得特别好。他尝了十多种不同的水果，每次都会紧紧皱眉，摇头说：“嗯……这个不好吃。”不知不觉，差不多已经转遍了所有的摊，查尔斯采购得也很起劲儿。有很多次，查尔斯都假装离开，最后都被卖主叫住了，以理想的价格成交了。

这其中，查尔斯就是使用了绝不在第一时间成交的策略，他一次一次地假装离开，佯装对商品不满意，这就让卖家担心交易泡汤，因此主动退让，让查尔斯在比较有利的条件下完成了交易。

不仅销售谈判，其实任何谈判都是如此，如果在谈判开始对方拿出自己谈判的一个筹码，你就乖乖就范，岂不吃亏？而强硬地要完成交易也是不明智的，仅仅通过强硬达成协议也是很渺茫的事情。

与其在仓促中去结束一场谈判，完成一笔交易，不如在不断的沟通中进行博弈，给对方以心理压力，抓住谈判主动权，为自己争取最大的利益。

如何不在第一时间轻易答应对方的条件，又可以给后续的谈判留下空间呢？很简单，但又很重要的一点是保持适时、适当的沉默。

谈判中，适时、适当的沉默会给人造成一种心理压力，会让对方由于不清楚你的想法而失去镇定，变得浮躁，从而自乱阵脚，这样你就可以趁“虚”而入，获得可乘之机。

沉默可分为两种，一种是有意沉默，一种是无意沉默，无论是有意沉默，还是无意沉默，运用得好，都可带来满意的结果。

爱迪生发明了发报机之后，由于不了解这方面的市场情况，不知道自己的发明能卖到一个什么价位，就与妻子商量。妻子说：“两万美元吧！”

“两万？有些高吧？”爱迪生有些担心。

“我看差不多，你可以这样办，谈的时候你先不说价，看对方能出多少。”他的妻子建议道。爱迪生点头答应了。

在与一位公司代表进行关于发报机买卖谈判的时候，爱迪生听从了妻子的建议，同时也是没好意思开口，所以，在对方代表问到具体价格时，他没有将两万说出口。

显然他的沉默让对方代表有些沉不住气，在连问几遍无果后，这个代表最后说道：“这样吧，一口价10万，这是我们能出的最高价了，怎么样？”

这个价格远远超出了爱迪生心理的预期了，所以他当场痛快地拍板成交了。

这里，爱迪生无意间运用了沉默的战术，可是正是他的无意沉默让对方心里失去了镇静，自己主动把底价亮了出来，从而让爱迪生占到了“大便宜”。

下面是一则有意运用沉默取得谈判胜利的案例：

一位印刷商准备将自己一台印刷机出售。一家文化公司得知后，打算购进。两家就此进行了谈判。谈判前，印刷商经过核算，打算以150万元的价格将自己的印刷机出售。

虽然已经定好了价格，但是印刷商却一再告诫自己要沉得住气，不能率先将价格说出来。所以，谈判的时候，在谈到价格时，印刷商迟迟不肯说。果然，对方谈判代表沉不住气了，他开始对要出售的印刷机挑毛病。面对对方的压价术，印刷商报以微微一笑，仍然不发一言。给人一种镇定自若的感觉。

买方代表终于彻底沉不住气了，心理防线崩溃，说道：“这样吧，我们至多出到200万，再多的话，只能放弃交易。”

这个价格远远超过印刷商的心理价位，于是，他十分爽快地拍板成交了。

俗话说“沉默是金，开口是银”，很多时候，沉默就是要比口吐莲花、滔滔不绝更有力量，更能让人信服。谈判中，适时、适当的沉默，会带给对方一种不一样的感觉，会滋生、加强对方不安的心理，一定程度上扩大了己方的心理诱导力量，使其更占据主导地位。

保持神秘，不到最后不亮底牌

谈判有道

谈判中，如果你一直不将自己的底牌亮出来，而是装腔作势，保持神秘感，那么对方必定会因为不知道你手里到底握有哪些“秘密武器”而投鼠忌器。

“鱼不可脱于渊，国之利器不可以示人。”是《道德经》里的一句话。讲的就是鱼儿不能离开水，国家的终极武器是不能告诉别人的。鱼离开水的结果就会死亡，轻易地炫耀自己国家最强的东西就容易暴露自己的弱点，为自己增加受打击的风险。

聪明的人，或者想取得大成就的人，都应该学会“藏露”之功，知道什么时候将自己的底牌隐藏起来，什么时候将自己的底牌展露出来。

拿出自己的全部家当向别人炫耀甚至和别人攀比都是极其愚蠢的做法，试想一下，主动将自己的底牌翻给对方看，不是间接告诉对方杀掉自己的方法吗？

因此说，任何情况下，哪怕被对手逼到了山穷水尽的地步也不能轻易亮出自己的底牌，要克制住自己，城府要深，有所保留的谈判才是真正的智者。

但在谈判的时候，很多人都会犯的一个错误就是太急于求成，这样的后果就是容易沉不住气，全盘亮出自己的底牌的可能性很大，结果局势完全被对方掌控，丧失了主动权，决定权也跑到对方那里了。

有一名房地产销售人员承担了一项艰巨的任务，他所销售的那块土地尽管交通便利，距离城区也很近，但是有一个致命的缺点，就是临近一家木材加工厂，加工厂电动锯木机的噪音非常大，不过也远没有达到让人无法忍受的地步。

刚好一位客户想要买一块土地，他所要求的价格、标准以及地理位置都和这块土地契合度很高，并且这位客户当时也住在一家工厂附近，噪音整天不绝于耳，可以说习惯了噪音的骚扰。销售人员很快联系了这位客户，对方也表现出了很大的兴趣，要求面谈。

见面后，销售人员还没听客户的要求，上来就介绍起来："这块土地位置优越，交通便利，比附近的土地价格都便宜很多。当然，便宜也是有原因的，它唯一的小小的不足就是紧邻一家木材加工厂，噪音比较大。如果您能容忍噪音的话，那它的价格标准和您希望的非常相符。"还没等销售人员介绍完，客户就开始摇头了："那不太好，我早就饱受噪音之苦太久了，我想要一个清静的环境。"

"实际上，噪音也没有你想的那么大。"销售人员急忙补充。

然而为时已晚，"不好意思，我不会考虑这种地方的。"客户一口回绝了。结果这单生意没做成。

事实上，这位房产销售员就是过早地亮出了自己的底牌，将自己的全部信息毫无保留地透露给了对方，这样做的直接后果就是当客户提出否定意见的时候，已经完全没有了回旋的余地。

作为销售人员，在了解客户的同时还有一项重要的工作需要做，就是在不构成对客户欺骗的前提下，保守一些秘密，不要泄露或者过早泄露，以免客户知道自己的全部实力使自己处于被动的境地。

实际上，这种做法不仅是在销售中，任何谈判都应如此，谁先亮出底牌就等于把自己逼到了最被动的地位。因为你的暴露会使对方做好心理准备，并快速更换其谈判策略，制定出对他最有利的策略。

如果你亮出了底牌，就是自己将自己的退路斩断了。对方知道了你的全部，会借此机会提出很多苛刻的条件，你在失去了主动权的情况下是无法摆脱被对方牵着鼻子走的命运的，只能是被对方玩弄于股掌之间了。这个时候的你就是那个不得不做出让步的角色了，最后达成的结果也是和自己的预期相去甚远的。

相反，如果你一直不将自己的底牌亮出来，而是装腔作势，保持神秘感，那么对方必定会因为不知道你手里到底握有哪些“秘密武器”而投鼠忌器，再加上你故意释放出的假象，必然会让你在一定程度上，掌握谈判主动权。

正所谓“鹰立如睡，虎行似病，正是它攫人噬人手段处。故君子要聪明不露，才华不逞，才有肩鸿任钜的力量。”我们就要学古人这种韬晦藏巧的智慧以及“含蓄”的力量。

依靠情绪正能量拿下谈判

谈判有道

巧妙控制自己的情绪，通过情绪的调整，适应不同类型的谈判对象，再辅助谈判策略，就会获取绝对的心理优势，在心理上掌控对方，让谈判的方向朝着自己期望的方向发展。

一百多年前，美国的哲学家威廉·詹姆士曾提出一个情绪理论的观点，这个理论中有一个有意思的观点，就是詹姆士认为情绪是人们观察自己的表情后产生的结果，比如，人们微笑从来不是因为他们快乐，相反，人们感到快乐是因为他们在微笑。

不难想到，情绪和行为是相互影响的，就像情绪的正能量和负能量能够相互转化一样，如果你能够在谈判的时候始终保持自己的情绪正能量，并能将这种情绪正能量传递给对方，那么，你就能在心理上比你的对手更胜一筹。

情绪正能量说得通俗一些其实就是能够轻松自如地根据对方的情绪变化掌握自己的情绪，用自己的情绪积极地影响对方，从而营造利己的谈判气氛。

精明的谈判者都善于在谈判中使用前紧后松的谈判策略，所谓前紧后松就是指在谈判最初阶段，向对方提出尽可能苛刻的条件，并且做出不能让步的样子，造成一种艰苦局面的假象，通常这个时候对方就会产生紧张、焦虑甚至失望的情绪，接下来如果你能做出让步的话，这个时候对方就会有一种放松感，还有可能觉得欣慰和感谢，那么成交的几率也就很大了。

当然，这就是你在谈判中保持自己的正能量的结果，但是这样的谈判策略只能在你处于谈判中的主动一方的时候才可以使用。

有一种谈判策略叫作欲擒故纵，这样的技巧实际上也是充分发挥你的情绪正能量的很好表现。所谓欲擒故纵就是将自己的需要隐藏，却刺激对方说出他的需求，而自己则装作无所谓的样子。

欲擒故纵的手法是多种多样的，从情绪上看就是绝不过分地忍让和屈从，该硬的时候就硬，该顶的时候就顶。而在谈判日期上尽量让对方来定，显得不急不躁。这样一种似紧不紧的做法，通常会使对方摸不清自己的真实意图。如果对方狂躁，那就放任他的狂躁，你的不慌不忙会为你赢得心理优势，那么谈判的天平会不自觉地偏向你这边。

杰克是美国一家靛蓝粉公司的谈判人员，在与日商的一次谈判中，日方代表见杰克不满30岁，就没有把他放在心上。然而几个谈判回合下来，日方却发现年轻的杰克竟然是一个谈判老手，他守着每吨12000美元的价格不让步。虽然日方想尽了办法，但是杰克总能换一个角度，换一种说法守住自己的价格。

无奈，日方只好暂时中止了谈判。虽然杰克公司的谈判极限快到了，他心中很是焦急，可是他却在表面上装出若无其事的样子，他认定了日方会接受自己提出的价格，因为这是日方急需的物品。

在僵持了很多天后，日方终于沉不住气了，主动给杰克打电话约见再谈一次，见面后，杰克亮出了自己的底牌：“我们公司十分愿意和贵公司合作，这样吧，每吨10800美元！”日方听到这么大的让步乐不可支，当即签订了订货合同。

欲擒故纵的谈判策略就是在谈判的时候采取逆向的行动，给对方传递一个不真实的信息。这样，你就能够很容易地掌握对方的情绪，用自己情绪的正能量拿下谈判。

还有一种充分发挥自己情绪正能量影响谈判对手的方法就是先声夺人法，就是在谈判的开始就利用自己的优势抢占谈判的心理优势，掌握主动权。

但是先声夺人要求谈判者依具体情况随时变通，比如不能在谈判中为了达到目的就过分炫耀自己，这样并不能发挥自己正能量的作用，因为这极易招致对方的反感，刺激对方的抵制心理。

所以在谈判中如何始终保持自己的情绪正能量就成为我们每个人关心的问题。除了掌握一些谈判技巧和拥有较强的心理素质之外，还要学会审时度势，根据时机的不同向对方发起进攻，打对手一个措手不及，才能最大可能地达到自己的目的。

还有一点需要注意的就是切记不要在每场谈判中都扮演强势的角色，有时候劣势的地位和姿态能获取对方的同情和怜悯。在遇到自我感觉良好的谈判对象的时候，要适时地将自己“弱”的一面展现给对方，以换来对方的情感支持，这也不失为一种正能量。

实际上，一声同情的问候，一个遗憾的表示，一份小礼物，一起吃个饭，都可以改变敌对情绪，让对方接受你的条件。

做出随时准备离开的样子

谈判有道

与其在退让中挣扎，不如向对方清晰表达要离开的意图，可以很直白地告诉对方："不好意思，我想我们没有办法达成共识，我必须得离开了。"

做事坚持是必要的，也是必须的，因为很多事情只有坚持下去才可能取得最后的胜利，可是坚持不是非要直线前进，很多情况下，需要迂回前进，这是策略的问题。如果有一个年轻的谈判人员主动请缨："领导，谈判派我去吧，我一定会坚持到底，取得谈判的成功！"

那么作为领导，就要认真考虑是不是还要派这个人谈判了。因为他如果只懂得一味前进，很可能将谈判搞砸。

看过京剧《挑滑车》的人，无不为高宠惋惜。他过人的胆量和高超的武艺的确令人佩服。可是，对方就是利用了他不肯服输的心理，一辆辆滑车接连不断地向他砸来。凭着一杆枪，在没有援兵的情况下，高宠仍奋力前行，但终究用完了力气，一代英雄就此悲壮地结束了年轻的生命。这样的悲剧本来完全可以避免。

可见，有时候并不是坚持就能等来你想要的结果，无谓的盲目坚持只会带来损兵折将，甚至更为严重的后果。在谈判中也是如此，如果因为你的一味坚持使自己陷入了被动中，那就是得不偿失，还不如果断离开。因为有的时候，及时离开不见得是坏事，不见得就是败走麦城。

有一年，我国与突尼斯某公司的代表就建立加工厂事宜进行谈判。几次接触下来，基本把地址定在了河北的某港口。同年10月，科威特的石化公司也想参与到这个项目中来，谈判由两方变成了三方。

在第一次谈判中，科威特石化公司的董事长在听过筹备工作的介绍之后，断然表态："你们前面所做的一切工作都是徒劳无功的，建立工厂的工作必须从头开始!"

听了该董事长的意见之后，中方和突尼斯方面的代表纷纷表示惊讶，因为双方都为之前的谈判投入了很大的人力、物力和财力，费时3个多月才实现了现在的结果。但是，此时，却没有人起来驳斥这位董事长，因为此人在科威特的地位仅次于石油大臣，而且他还是国际工业组织的主席，拥有非常高的权威。

但是中方的一位代表忍不住了，他猛然站起来说："我代表地方政府声明，为了建立加工厂，我们安排了一处接近港口且地理位置相当优越的场地。当时，许多合资企业出高价争着要用这块地，我们都拒绝了。如果现在按照董事长的提议，事情要拖延下去，我们只好把这块地方让出去!真不好意思，我还有别的事情需要处理，我宣布先退出谈判!"

说完，这位代表拎起皮包转身就走。他身边的人也跟了出去。

半个小时后，一位处长跑出来，兴高采烈地对那位地方政府代表说：“你这招真灵！那位董事长说了，快请市长先生回来，我们强烈要求迅速征用这块地!”

当地方政府代表重新回到谈判桌上的时候，谈判已经变得非常顺利，三方的合作协议也很快达成了一致。

可见，正是这位地方政府代表的断然离席，给对方施加了压力，让强硬无比的科威特石油董事长软了下来，一下子扭转了谈判的局势。

谈判中，拿捏好分寸，给人一种随时准备离席的感觉，会在一定程度上，击起对方内心波澜，给对方造成心理压力，从而让对方做出一定让步。你可以告诉对方：“如果你不能给我想要的东西，那我只好放弃这场谈判了。”

可以说这是一种威胁，问题是如何拿捏好这个分寸，才能让这个威胁起到作用。如果时机掌握得不好，很可能适得其反。所以，这个时机非常重要。

那这个分寸该如何拿捏呢？最常见的情形就是自己处于劣势的时候。因为如果对方过于强势，你处于完全的被动弱势中，对方咄咄逼人，一副你不接受他的条件绝不罢休的样子，这个时候无论你是多么苦口婆心对他都是没有用的。

这个时候，你确实很难得到自己想要的结果，过于强求的话，要么谈判告吹，要么你就得委曲求全，做出很大的牺牲，这样的后果就是以后的所有谈判，对方都会抓住你这个特点，永远不会满足。

所以与其在退让中挣扎，不如向对方清晰表达要离开的意图，可以很直白地告诉对方："不好意思，我想我们没有办法达成共识，我必须得离开了。"

对方虽然可能占据一定的优势，但是一旦你离开，他们的优势也就没什么意义了，所以，一旦成功地给对方造成这种离开的假象，让对方相信你准备离开谈判桌停止与他的谈判，那么，他们极有可能被迫做出让步，以留住你，这样，你也就达到了目的。当然，这个分寸要把握好，要不然起不到应有的效果。

另外，要想成功"要挟"住对方，一定要设法增加自己的选择范围，这样你与对方的博弈，就会有底气了，赢的概率也就越大了。

这个世界上没有任何一笔交易是值得你"不惜用一切代价换取的"，也没有什么利益是非要不可的，所以不要被困于"我一定要谈成这笔生意"的自我设限中。

第八章

妙用谈判策略，在套路上完胜对手

谈判策略运用得好有奇效，“我可以在祈祷时抽烟吗？”和“我可以吸烟时祈祷吗？”得到的结果完全相反，这就是谈判的套路。

顺水推舟，借势取胜

谈判有道

高明的谈判专家会选择对自己阻力最小的说话策略，因势利导，让对方发现他们自己的想法有错误，然后“知难而退”。

谈判双方之所以要进行谈判就是因为双方的利益点不一致，没有共同的意见，谈判的目的就是为了达成共赢。你无法阻止对方和你持有不同的看法，而看法的不同难免会引发冲突，甚至对方会当面直接向你提出反对的意见，这些都是非常正常，而且是无可厚非的。

到了谈判的激烈时刻，对方把自己的观点亮出来却和你的大相径庭，这时最好不要立刻毫不客气地进行反击，要求对方接受你的观点。那样会让对方产生很强烈的敌对情绪，这种正面的语言交战是不会有好的结果的，容易使双方的关系陷入僵化，使自己失去风度尚且是次要的，合作不成才是关键。

在这时候，你首先就要树立重视对方观点的态度，要表现出对对方的观点很关心的样子，最好让对方觉得他提的问题对你来说很严重。你不能很快就答应对方，要给自己足够的时间研究对方的意见，用这种方法让对方觉得受宠若惊，甚至会感觉事态并没有他想象的那么简单，很有可能不好意思坚持自己的看法。这就是“顺水推舟”的魅力。

所谓顺水推舟就是按照对方的思维模式顺势而为，或者根据对方的核心论点为前提，最后得出一个明显错误或者荒谬的结论。然后再集中精力把自己的观点阐述出来，向对方发起猛烈的进攻。

顺水推舟最妙的地方在于借别人的口或者观点，为自己所利用，不在表面上作出抗衡，而是在认同对方，甚至是赞美对方的语境中给对方出其不意的打击。

让我们通过几个小例子来看看顺水推舟的功力。

某人牙痛，前去医院拔牙。医生技术娴熟，很快就把牙拔掉了。病人虽然觉得医生的技术不错，但是又觉得就是这么一小会儿的工夫就被他赚走了30元，有点耿耿于怀，于是他一边付钱，一边揶揄地对医生说：“你们牙医真会赚钱啊，只用了10秒钟就赚了30元。”

医生并没有直接反驳对方的意思，只是说：“你要是愿意的话，另外一颗牙，我可以慢慢地给你拔。”

病人一听这话，连连说道：“不，不，不，还是请快点给我拔吧！”

很显然，这里的牙医就很巧妙地运用了顺水推舟的方法，面对不满的客人，他并不是正面跟其讲道理，而是顺着对方提出来的10秒钟的话茬接着往下说，答应接下来不会那么快了。这就很轻易地将了对方一军，使自己处于主动的地位了。

一位记者问扎伊总统蒙博托：“您很富有，据说您的财产达到了30亿美元！”

蒙博托听后，发出一阵长时间的哈哈大笑，反问道：“你是否还听说过，一位比利时的议员说我有60亿美元！”

记者的提问显然是荒谬的，面对如此荒谬的问题，总统先生并不是怒上心头，和对方理论起来，而是“哈哈大笑”，不仅表现出自己的大度情怀，然后巧妙地过渡：“你是否还听说过”，抛给对方一个更加荒谬的反问，让记者顿时觉得自己的失言。这也是顺水推舟的妙用。

我们可以看出，顺水推舟的效果还是很不错的。在对方提出不同的观点或者显然荒谬的理论的时候，最好的反击方法不是当面理论，一对一地讲道理，而是迂回地证明对方的观点是不正确的，顺水推舟证明自己的观点才是正确的。

由此可见，顺水推舟的特色就是不做正面的抗衡，而是在迂回曲折的谈话中，顺着对方的话说下去，从而达到了自己的目的，有时还不失幽默。特别是在谈判中出现尴尬情况的时候，顺水推舟更是可以帮助自己解脱困境。

在谈判中，很有可能会遭到对方的顶撞、攻击、挖苦讽刺或者是出言不逊，如果你生气了那就上当了。把对方的话当作一个前提，也就是给自己的观点做一个小小的铺垫，陈述自己的观点。

要使用顺水推舟的方法首先要认清对方的心态，弄清对方的心理状况。对方的心态决定了对方的说话内容和方式。所以在谈判过程中要注意把握对方的心态，弄清楚对方的心理状况，这样才能把握时机，顺水推舟。

比如你可以用这些话把情势转化到于己有利的一面。

对方提出了和你们完全不同的方案时，不要急于否定，不如这样说："虽然我坚持要用我们的方案，但我发觉你们的方案也很有道理，我们也不是全盘否定。"然后以对方的方案为前提，论述自己方案的正确和对方方案的不可行。

因为对方在听到你这句的时候，认为你是在肯定他们的方案，可能也会放弃争论而谦虚地说："老实讲，你们的想法也不错。"正好为你继续你的方案阐述留下了很大的空间。

由于你在之前已经肯定了对方的方案，对方不自觉地就放松了警惕，而接下来你迅速争取主动权，对方也无从反对，因此在新方案中你所掌控的主题和主导权会比对方多一些。

高明的谈判专家绝不会用头去撞墙壁，也就是不会明着和对方对着干，这样只会引起更大的分歧和冲突，而是要选择对自己阻力最小的说话策略，因势利导，让对方发现他们自己的想法有错误，他们必然"知难而退"，你自然可"顺水推舟"攻进他们的"死穴"拿下堡垒。

因此，别忘了，让敌人自己"知难而退"，不花一兵一卒，是最省成本的，在这个方面，"顺水推舟"的阻力也是最小的。

投桃报李，让对方步步“登高”

谈判有道

聪明的谈判者从来都不吝啬往出“舍”，而且往往先“舍”，依靠自己的“舍”占据谈判的主动权，让对手主动让利。

“人敬我一尺，我敬人一丈”是我国的一句老话，讲的就是在人际交往中，如果你能首先做到尊敬别人，体谅别人，关心别人，主动帮助别人，那么反过来，别人也会尊敬你，体谅你，关心你，帮助你。这样一来二去，双方的友好关系就培养起来了，也就是所谓的投桃报李。

谈判中，双方的地位首先是平等的，但是如果你首先表示友好，并且有意抬高对方的地位，对方就会产生高高在上的感觉，自然愿意“举手之劳”帮你完成自己无法独立完成的事情。

人与人之间的关系是通过礼尚往来建立的，这其中包含着很大成分的相互捧场、人敬人高。人敬我一尺，我敬人一丈，人帮人，人抬人，彼此之间的关系就会越来越好，友谊就会越来越深。如果明白了这一点，在谈判中加以运用，就要在谈判中懂得给他人尊敬，学会捧场，对方步步登高，也自然是给了自己步步登高的机会。

无可否认，人往往对与自己友好的人产生好感，这种情感会使人愿意对对方伸出援助之手，心甘情愿把对方的事当作自己的事。所以在谈判中建立和对方的友好关系，抬高对方的位置，是一种向对方示好的最佳方式，能为自己带来更多的益处。

信陵君是春秋时有名的“四君子”之一，他招揽侯嬴的故事历来为人称道。

侯嬴是魏国的一位贤士，以聪明机敏、能言善辩而闻名于世。信陵君多次登门造访，邀请他出仕，他都婉言谢绝了。

有一天，信陵君大宴宾客，席间，高朋满座，嘉宾如云。待众人坐定后，信陵君才向大家宣布：“今天的主客是侯嬴，在座诸君若不介意的话，我把大家都作为陪客吧？”

随后，信陵君去接侯嬴。侯嬴傲慢地坐上尊位，信陵君亲自驾车，态度谦恭。路过闹市，侯嬴冷冷地对信陵君说，“我有个朋友在肉市上，劳驾您与我一同去看看他。”

信陵君二话没说就照办。到了肉市，侯嬴故意与朋友朱亥闲聊，不理会在旁久等的信陵君。此时，信陵君非但没发火，反而显得更温和，始终和颜悦色，态度诚恳恭敬。旁观的人群都用好奇的目光打量着他们。

过了很长时间，侯嬴才告别朱亥，乘车来到王府，径直朝上位走去，一屁股坐下。随后，信陵君把侯嬴向恭候多时的贵宾作了诚挚的介绍。

轮到侯嬴说话了，他一语道破了信陵君的良苦用心："我侯嬴只不过是个守城门的糟老头子而已，而信陵君您却多次登门拜访，我本不应该傲慢无礼。但是，为了帮助您获得礼贤下士的美名，我只得这么做，让您久立于闹市之中，让世人围观您。您的态度始终谦恭礼貌，人们都会认为我这个老头是个不知好歹的小人，而您却是个求贤若渴的明君。"

在这个故事里，信陵君之所以能获得侯嬴信任，正是因为他始终抱有谦虚温和的态度，他三番五次上门恭请侯嬴，显得很谦恭，侯嬴自然不会亏待他，来帮助他塑造礼贤下士的好名声。可以说这是信陵君应得的。

古人说："爱人者，人恒爱之；敬人者，人恒敬之。"所以，你只有"投之以桃"，对方才能"报之以李"。这样，你拥有了人缘，别人也拥有了人缘，相互之间的关系就会越来越好。

那么，如何在谈判的紧张氛围中向对方"投之以桃"，对方又会"报之以李"呢？这是一门学问。

（1）保持诚实的态度

太过虚伪的恭维话让人听了只会产生反感的情绪，不可能让对方把真心掏出来和你交换。在谈判的时候与对方交往首先就要诚实，自己了解的事情可以多说几句，自己不清楚的事情不能不懂装懂，如若在行家面前露出马脚更会影响到你个人的诚信，也必将对你们之间的谈判造成不利的影响。

（2）表现得谦虚一些

一般人是喜欢和谦虚的人交往的。最好你能够让对方产生自己就是一个“智者”的角色，这样的关系更能够凸显对方的重要性。个人在心理上具有优越感的话，就比较容易进入交往的状态。

（3）给予对方切实的好处

光是口头上的夸赞和谦虚还是不够的，谈判谈的是实实在在的利益，如果只会耍嘴皮子，不能给对方任何好处的话，那这场谈判对于对方来说就没有什么意义了，如果你能首先给对方一点小小的好处，那么对方的态度也会相应软下来。

有舍才有得，不舍不得，先舍先得，所以，聪明的谈判者从来都不吝啬往出“舍”，而且往往先“舍”，依靠自己的“舍”占据谈判的主动权，让对手主动让利，最终成为谈判的受益者、大赢家。

拖延时间，消磨对手意志

谈判有道

拖延时间可以使你有机会等待最佳时机出现，有些问题解决的时间不同，取得的效果也往往不一样，只有在最佳的时机里才能花最小的代价，一举拿下对手。

时间是一把利器，用的好，会产生巨大能量。你在生活中有没有这样一种经历。购买一样东西，在价格上始终没有达成共识，如果这个时候你装作若无其事地和卖家闲聊起来的话，他就会着急，因为他不知道你还会不会买他的东西，而真的就是聊起天来。

在这个时候，如果你突然来一句："老板，你看咱们聊得这么开心，肯定是特别有缘，你就再给我便宜一点吧？"相信成交的几率会很大。

这就是拖延时间的妙处。拖延时间可以使你有机会等待最佳时机出现，有些问题解决的时间不同，取得的效果也往往不一样，只有在最佳的时机里才能花最小的代价，一举拿下对手。

柯南·道尔是《福尔摩斯探案集》的作者，他生性固执，在写完探案集第四卷后，执意不肯再写，用实际行动，让笔下的福尔摩斯与罪犯莫里亚蒂教授同坠深谷，“一了百了”了。

《福尔摩斯探案集》的出版商梅斯是个精明人，他知道柯氏只是厌倦了这种通俗文学的写作，同时，他也知道，对于这个给自己带来巨大声誉和利益的作品，柯氏还是情有独钟的。于是他一面牢牢抓住版权代理不放，同时拼命做柯氏的工作，不时向柯氏透露福尔摩斯迷们的种种惋惜不满之情，又许以一个故事一千镑的优厚稿酬。这样多管齐下，一年以后果然有了成果，柯南·道尔的心思又活络起来，重新执笔，让福尔摩斯从峡谷里爬了出来，再演出一段段精彩的探案故事。

试想，如果当时梅斯不是给对方一段缓冲时间，让对方心理有个过渡期，而是心急火燎，不断催逼，恐怕侦探文学史上将会失去一颗亮丽的巨星。梅斯就是很好地使用了拖延战术，在最有利的时机向柯氏提出自己的请求，最终成功打动对方，取得谈判的成功。

其实，使用拖延时间的战术最大的目的就是消磨对方的意志，尤其是在价格谈判中，谁更能坚持，谁最有忍耐力，谁就能获得更大的利益优势。

人的意志就好比一块钢板，在压力下的时间长了，就会慢慢弯曲下来。拖延时间是消磨对手意志力最好的方法，意志力消磨了，也就没有死磕的勇气和耐心了。

一些日本公司就常采取这个办法：以一个职权较低的谈判者为先锋，在细节问题上和对方反复纠缠，或许可以让一二次步，但每一次让步都要让对方付出巨大精力。到最后双方把协议已勾画出了大体轮廓，但总有一两个关键问题谈不拢，这个过程往往要拖到对方精疲力竭为止。这时本公司的权威人物出场，说一些“再拖下去太不值得，我们再让一点，就这么成交吧!”此时对方身心均已透支，这个方案只要在可接受范围内，往往就会一口答应了。

土光敏夫被推举为石心岛芝浦透平公司的总经理的时候，正值日本经济萧条，财政困难时期，企业最大的困难就是筹措资金。即使是著名的大企业，资金也是相当紧缺，更何况是芝浦透平这样没有什么背景的小公司，更是没有哪家银行愿意痛快地把钱贷给它了。土光刚刚上任不久，生产资金的来源就搁浅了。为了筹措资金，土光不得不每天都走访多家银行，希望能筹到资金。

有一天，土光敏夫端着饭盒就来到了第一银行的总行，与营业部部长长谷川商议贷款的事。土光敏夫一上来就摆出一副不达目的誓不罢休的气势。长谷川则装出一副爱莫能助的模样。两个人你来我往，谈判丝毫没有进展，半天下来也没有任何结果。

时间过得很快，眼看就到了吃午饭的时间，土光敏夫早就饿了，一看到疲倦的长谷川心早就溜走的样子，土光敏夫反而拿出饭盒，慢条斯理地说：“哦，到了吃中饭的时间，这样吧，让我们边吃边聊吧，谈到天亮也没问题。”说着就把企划案翻到了第一页，准备再谈一遍，就是不让长谷川和营业员走开。最后，长谷川只好服输，最终贷给了他所希望的款项。

这就是拖延时间获得的好处，拖延下，对方的心理承受已经到了崩溃边缘，意志力消磨殆尽，这时如果你突然给他一个喘息的机会，他自然没有多大的抵抗力了。

拖延战术威力巨大，那么怎样在谈判中达到拖延时间给对方造成心理压力的目的呢？方法不一，具体情况采取不同的办法。

诸如，可以在谈判一开始就展现自己的好客一面：“今天先休息休息，不谈了吧，我们这儿的风景名胜很多的哩。”先带对方浏览名胜。这样拖延时间，通常是因为自己为这次的谈判准备工作做得不够充分。

拖延后，可以为自己争取更多的准备时间，打一场有准备的仗。同时，给对方造成一定的心理压力。因为只有胜券在握，才往往有这方面的行为。

当谈判相持不下，眼看就变成僵局的时候，可以接着采取好客的策略：“不谈了，不谈了，去轻松一下，吃个饭看个比赛，我来买单。”这样，同样会给对方带来心理压力。

还有，在谈判的关键时刻告诉对方：“不好意思，对于咱们刚才谈的问题，我个人没有决定权，我需要请示我的上级。”同样给对方造成心理压力，让对方在等待中煎熬，意志力逐渐被消磨，变得脆弱。

蚕食策略，一点点抢占先机

谈判有道

蚕食策略可以使自己慢慢攻破对方坚实的堡垒，每一个小步汇集到一起就会成为一大步，为自己争取最大的利益。

蚕食，就是一点儿一点儿吃掉的意思。在谈判中的蚕食策略是指使对方一点儿一点儿做出让步的策略。通常还会用于谈判结束签订合同之前的锦上添花，虽然已经谈妥了整个合同，但是还可以请求对方答应你的小要求，由于大的合同已经谈拢，对方也就很容易接受你的小请求了。

不难看出，蚕食策略之所以容易在谈判中奏效，是因为对方往往会觉得已经做出了一小点儿的让步，因而再让一点儿也无所谓，这为你侵占对方更多更大的利益提供了好的心理基础。

比如说，在你销售一台打印机的时候，你试图说服你的客户应该买最贵的那种，但是对方不肯出那么多的钱，于是你也不再坚持，但是在交易结束，客户离开之前，你再做最后小小的努力，说一句："让我们再看看那台最贵的打印机怎么样？我不是向谁都推荐这种的，但我认为你们的规模和发展潜力应该买这个。实际上，这台最贵的也就是再加500元。”这样的最后一搏，往往会带来更好的结果。

毋庸置疑，蚕食策略可以使自己一小步一小步地攻破对方坚实的堡垒，每一个小步汇集到一起就会成为一大步，为自己争取最大的利益。

孩子是天生的谈判高手，他们习惯于使用蚕食策略得到自己想要的一切。在一台亲子节目中，一位爸爸分享了下面这个小故事：

女儿高中毕业时，想要我送给她一份毕业礼物。她想要3种礼物：一趟为期5周的亚洲旅行、3000元零花钱和一个新的旅行包。女儿非常聪明，她没有一开口就提出所有的要求。开始时，她只是提出要去旅行，过了几个星期，她又用书面方式告诉我旅行时所需要的零花钱大约是3000元，她希望我能满足她的这个要求。然后，就在即将开始旅行时，她又跟我讲：“爸爸，你不会让我拉着这个破破烂烂的旅行包去旅行吧?其他孩子都有一个新的旅行包。”毫无疑问，我又给她买了一个新的旅行包。设想一下，如果她一上来就提出所有要求，爸爸很有可能会立刻拒绝买新旅行包，并且会要求她减少零花钱。而女儿很聪明地把自己的请求一项一项提出来，并且，每个请求听起来都不是无理的，很容易让人接受。

这就不难让人理解为什么人们在购物的时候经常会超出自己预算的原因，因为商家使用的蚕食策略就是抓住了对方的心理，利用对方感觉小的让步不会影响大局的心理，获得对方一次又一次的让步，直到将对方的利益“蚕食”完毕。由此可见，蚕食策略是销售人员必须要掌握的谈判策略，让我们用一个实际例子看看在销售中是怎样蚕食顾客利益的。

销售员：“先生，您看一下这款灯，它的功率大一些，房间里面更加明亮，在房间里面看书就会很方便。”（看书的信息是销售员在和顾客的交际中得知的。）

顾客：“嗯，是这样的。”

销售员：“先生，请看看这款宝蓝色的，对自己的眼睛好一点。您看一下是选择这个宝蓝色的一款，还是红色的一款?”那位促销小姐接着问。

顾客：“蓝色这款要多少钱?”

销售员：“598元。”

顾客：“红色的那款呢?”

销售员：“548元，两个相差不大，打完折后差40元。如果您喜欢宝蓝色，就选择宝蓝色这一款。”

“先生，请过来看一下，你还可以购买这个床头灯，不用开房间大灯，只需要开这个床头灯就行了，比较省电。”

“先生，小孩子的眼睛要保护好，我建议您再为小朋友购买一台护眼灯。”

这个销售员真的很会琢磨人的心理，她抓住了顾客的心理，而顾客的需求也被她一次又一次地放大，顾客一次又一次地让步，让原本准备用2000元购买所有灯具的顾客把自己的预算放到了3500元。

谈判中，自己可以蚕食别人，也要防止被别人蚕食，最重要的一点是要能坚定地坚持自己的选择，很好地控制住自己的欲望，不能被对方牵着鼻子走。

拿销售谈判来说，主要是控制自己的预算，不能因为对方的说服就随意扩大预算。比如在谈判中你可以装可怜："王总，你看，我们的预算就是这么多了，再多的钱我们也拿不出来了，不是我们不想扩大交易，只是目前只需要这个数量的产品，以后我们还有再次合作的机会。不过，假如您可以给我们优惠一些……"

这样一说，对方多半会放弃"蚕食"你，你就安全脱身了。蚕食策略运用得好，会让对方在不知不觉中陷入圈套，等到觉醒，已经被套牢，悔之晚矣。

通常情况下，蚕食策略更适用于谈判后期，它往往能在谈判结束时让对手接受之前不愿意接受的条件，这让那些聪明的谈判者吃到了甜头。

虚张声势，扮虎吃猪

谈判有道

谈判中，虚张声势就是使对方相信你有很强的实力，主动做出大胆的决策或者超乎想象的陈述，这样的表现很难让对方不相信你的强大，心中打鼓尽早妥协。

虚张声势，顾名思义就是假装出很大的气势，而实际上并没有那么大的气势和实力。假造声势的目的在于吓人，让对方在恐惧的心理下答应你的要求。扮虎吃猪的道理也在于此。

心理学研究发现人在紧张恐惧的情绪中会失去理智的判断，因此，如果在谈判中有策略地虚张声势，那么就会扰乱对方的心理，顺着己方的导引，做出错误的判断。

玩过“杀人游戏”的人都知道，如果自己抽到了杀手牌，在互相指认的时候，如果有人指认自己是坏人，那么办法之一就是要虚张声势一下，以保证自己的清白，这样能在最大程度上让别人相信你是被冤枉的，可有效保证自己的安全和实力。

在谈判中，虚张声势就是使对方相信你有很强的实力，主动做出大胆的决策或者超乎想象的陈述，这样的表现很难让对方不相信你的强大，心中打鼓尽早妥协。

在小说《致我们终将失去的青春》中，可以说郑微就很懂得虚张声势的妙处，起初大肆宣扬要追陈孝正，死缠烂打毫无结果的时候，又宣布放弃了，不玩了，而这时候的陈孝正反而沉不住气了。正是郑微的虚张声势使陈孝正失去了正确的判断，以为没有了成为郑微男朋友的机会。

谈判时，找对虚张声势的时机很重要，在对方用各种条件压得自己喘不过来气，已经难以辨别对方的目的何在的时候，有效的办法就是能够用虚张声势帮自己打气，试探对方如此强硬的真实用意。

当然只知道虚张声势，而不晓得如何辨别虚张声势，就很容易掉进狼窝。要想了解对方是真有实力还是假装很强，就需要在谈判之前做足功课，做到知己知彼，才能在谈判的博弈中取得最后的胜利。

在谈判中，有一些方法可以用来帮你完成虚张声势的心理术，一是让对方相信他们不是“唯一”，二是让对方相信你们负担得起谈判失败的所有后果。这样就会打破对方的心理威胁。作为谈判人员，你可以告诉对方自己有很多的合作伙伴。为了让对方相信自己具有真实的实力，可以在谈判过程中刻意透露给对方除了对方你们还有很多家的合作对象，并不是非要和他们合作不可的。

这样的暗示会使对方紧张且担心失去这次合作的机会，同时也给对方留下一个实力强大的印象，在这种心理的支配下，对方往往会急于和你达成合作意向，自然方便为自己在接下来的谈判争取更多的利益。

还可以挑选比较高档的谈判场所，挑选高消费的地点作为谈判场合，并且自己主动承担费用。另外谈判告一段落的时候最好能够主动邀请对方用餐，用餐也一定要显得高档次，并且过程中表现得自己很大方，不会为一点“小钱”斤斤计较。这样不仅会使谈判双方的心情愉悦放松，还会使对方确信不疑你们是有真正实力的，从而让谈判形势有利于己方。

以退为进，曲径通幽

谈判有道

谈判中，有目的、有计划的退，往往会引起对方情感和心理上的变化，从而对谈判做出误判，结果却发现误判了形势，最终失去了取胜的机会。

由于双方利益不一致，所以才需要坐下来谈判。谈判中，你来我往，各为其主，各谋其利，据“利”力争，实属正常之事。也正因为如此，谈判中才潜藏着冲突和抗争。如果双方就某一个或某些问题争执不休，再不懂得退让之道，那么接下来的只能是谈判破裂和谈判陷入僵局。

有的人很会谈判，面对对方的诘难和进攻，懂得避其锋芒，以退为进，走“曲线救国”的路线。

1688年，克里斯多夫·雷恩爵士负责修建圣彼得大教堂。在取得建筑许可证时，受到了阻碍。时任伦敦市长认为克里斯多夫·雷恩爵士提供的建筑资料无法让他确信教堂穹顶得到了足够的支撑，所以他扣住了建筑许可证。

克里斯多夫·雷恩爵士很聪明，他知道必须先征得市长的许可，他才能拿到许可证。为了打消市长的顾虑，他决定多建两个柱子支撑穹顶。市长内心很高兴，放心地将许可证发给了克里斯多夫·雷恩爵士。

建筑完工后，清洁人员在打扫卫生时才发现，那两根多出来的柱子并没有连到穹顶，距离穹顶还有几英寸的距离，丝毫起不到支撑作用。只是看着好像支撑着穹顶。

对克里斯多夫·雷恩爵士来说，建造这两个柱子是多余的，完全没有必要，可是为了让市长放心，不得不妥协退让。妥协退让的后果是取得了想要的建筑许可证。不得不说，克里斯多夫·雷恩爵士是一个有着谈判智慧的人。

有比克里斯多夫·雷恩爵士更聪明的人，他们预料到前方必有重重阻碍，遂采取以退为进的策略，提前布局，以逸待劳，静候对方跌落自己预设的“陷阱”，最终曲径通幽，逼对方成功让步，取得谈判的胜利。

弗拉基米尔·安德烈耶维奇·法沃尔斯基是苏联美术界的一代宗师，那个时代以及其后的书籍装帧、木刻创作和插图艺术的发展都和他的成就是分不开的。他的作品含义隽永、形象鲜明。之所以能够获得这样的肯定和评价，与他和美术编辑的谈判有着密不可分的关系。

每当弗拉基米尔·安德烈耶维奇·法沃尔斯基完成一本书的插画后，都会选其中一幅画，在其上边角处画上一只狗，让这幅画显得不伦不类。当美术编辑看到这幅画后，自然要求弗拉基米尔·安德烈耶维奇·法沃尔斯基将那只狗去掉。这时，弗拉基米尔·安德烈耶维奇·法沃尔斯基就会与美术编辑争辩，说什么也不肯去掉那只狗。当双方争执到白热化，就要不欢而散时，弗拉基米尔·安德烈耶维奇·法沃尔斯基就会做出让步，同意把画面上的狗去掉。

美术编辑看到高傲的法沃尔斯基做了让步，往往会感到自尊心得到了满足，这种情况下，他就不再要求法沃尔斯基再做出什么改动了。就这样，法沃尔斯基用自己的聪明才智使自己的作品得到了保全。

试想一下，如果法沃尔斯基不以退为进，提前布局，预先在自己的作品上画一只多余的狗，还不知道美术编辑会要求他怎样去修改作品呢。

有些时候，退，是一种取胜的智慧，关键要看什么时候退，又是如何退的。谈判中，有目的、有计划的退，往往会引起对方情感和心理上的变化，常常让对方误以为天赐良机，天平向自己倾斜，从而对谈判做出误判，结果却发现误判了形势，却为时已晚，最终失去了取胜的机会。

谈判中，“退”的策略有很多，有目的的示弱是一种“退”；有计划的让步也是一种“退”，具体运用那种“退”的策略，要根据实际情况灵活运用。

“白脸”造势，“红脸”收场

谈判有道

谈判桌上，“白脸”往往态度强硬，所提的要求比较苛刻，且不留更改的空间，而“红脸”则灵活机动，常拿出一套比白脸提议更人性化的提案。

“红白脸”战术经常被警察采用，影视中常有这样的场景：

甲警察将嫌犯押进审讯室，并推搡他坐在椅子上，然后打开强光，让嫌犯面对强光，再严厉威胁嫌犯交代犯下的罪行，对峙无果后，甲警察借故离开。另一名警察乙关掉强光，递给嫌犯一支烟，并就同事的粗鲁向对方道歉。然后又跟嫌犯讲，他想阻止同事那样做，可是如果你要是不给予配合，他也没有办法，最后嫌犯受到触动，讲了自己所知道的隐情。

在这里，甲警察和乙警察就是在玩“红白脸”战术，甲警察扮演的是恶警察，是“白脸”，而乙警察扮演的是好警察，是

“红脸”。“红脸”“白脸”相互配合，攻破了嫌犯的心理，取得了审讯的胜利。

谈判中，也可以使用“红白脸”战术，同一方的两个人相互配合演一出“戏”，一个人扮演“白脸”，态度强硬：“这套设备最少也要5万美金，少1美元我都拒绝签字。”他的同伴扮演“红脸”。在听了那番话后，他一脸的尴尬和为难之色，沉思过后说：“虽然价格已经很公道了，但毕竟不是新设备，咱们换位思考，我看这样吧，4.5万美元吧，我们再让一步吧！”然后转向谈判对手：“你们看这样可以吧？”

如果开价确实公道，并且能为对方所接受，对方往往会秉承好意，答应条件。这样，双方就达成了协议。

谈判桌上，红白脸是很有效的谈判策略，白脸往往态度强硬，所提的要求比较苛刻，且不留更改的空间，而红脸则灵活机动，常拿出一套比白脸提议更人性化的提案。由于形成了心理落差，所以，对方往往较容易接受白脸的方案。

使用“红白脸”战术，要注意使用的顺序，通常，先出场的人扮演“白脸”，目的是将对方逼向角落，让对方感到压力，为“红脸”出场做铺垫。

在“白脸”完成使命后，“红脸”粉墨登场了。他一反“白脸”的严苛，温言相劝，好言交流。当对方领教过“白脸”的威力后，对“红脸”的各让一步往往感觉是对他们的恩赐，因此很容易就答应其所提出的条件，同时，可能还会心存感激。这是人性的特点。

一个有钱人看中了一块地，想把它买下来。他准备了一份详细的协议跟这块地的买卖委托人进行谈判。他要求对方严格执行协议上的条款，尤其是第三项至第七项条款，更要无条件满足。可是对方认为，有钱人的要求过于严苛，所以提出了修改部分条款的要求。对此，有钱人一口予以拒绝。

对方也没有让步，这样双方就僵持了起来。眼看，这场谈判就要破裂。有钱人不想放弃这块土地，于是他挑选了一个性格温和的人代替自己去跟对方交涉。

谈判前，有钱人告诉自己派去谈判的人，自己只有一个要求，就是争取对方同意协议上第三项至第七项条款。其他条款可以放宽条件。

最终这个人出色地完成了有钱人交代的任务，不仅让对方同意了协议上第三项至第七项条款，还另外同意了其他十项条款。

这个结果出乎有钱人的意料，他好奇地问自己的谈判代表是如何做到的。谈判代表说："很简单，只要他们和我争执时，我就会说：知足吧，先生，要是让委托人亲自来谈，这样的要求他还不肯呢！这样，他们就同意了我的条件。"

这个谈判代表之所以赢得了这场谈判的胜利，得益于那个有钱人为他所做的铺垫。同时，也得益于他们"红白脸"战术的顺序使用正确：先"白脸"造势，后"红脸"收场。如果顺序弄颠倒了，相信就不会赢得这场谈判了。

第九章

抓住痛点反击，突破对方心理防线

每个人都有“软肋”，谈判中，如果能抓住对方“软肋”，就能实现痛点反击，突破对方的心理防线。

“馅饼”背后是陷阱

谈判有道

谈判中，如果因为没有掌握全部信息就相信对方告诉你的一切，那么，可以说是谈判者不幸的开始。

谈判桌是一个特殊的“战场”，只有步步为营，拨开层层迷雾，看穿对方的伎俩，才会让天平向自己倾斜，为自己争取更多的利益。如果看不出对方抛出的迷惑弹，识破不了对方的谈判伎俩，在谈判中就会被对方牵着鼻子走，最终免不了要吃亏。

谈判中，对手不会把自己的信息和想法全部透露给你，这是有他们的道理的。他们有权保留部分信息，然而如果因为没有掌握全部信息就相信对方告诉你的一切，可以说是谈判者不幸的开始。

下面的报道引自《金融经济》2008年第20期：

一次，达能集团向乐百氏递交并购提议，并一再承诺如果合作不成功，绝不公开乐百氏的任何内部信息，更不会向娃哈哈透露（娃哈哈是乐百氏最强的竞争对手）。

消除了乐百氏的顾虑之后，谈判进入实质性阶段。对与乐百氏提出的几大主要条件，达能均欣然接受。3个月后，双方就达成了最终的协议。几个月后，乐百氏与达能集团合资，达能以92%控股。乐百氏似乎一夜之间嫁入了跨国“豪门”，仿佛打开了民族品牌之路，并保持拥有商标权、管理权、产品及市场开拓权。

殊不知，这一切都只是一个烟幕弹，在合同上，达能集团给乐百氏以何伯权为首的五位元老设置陷阱：给他们设定市场指标，如果在既定时间内完成不了指标，他们就要引咎辞职。因为当时乐百氏在市场上占有较大的份额，要完成合同规定的指标并不是什么难事，所以何伯权接受了挑战。

然而在实际操作中，达能集团利用乐百氏最大的竞争对手娃哈哈（达能投股的子公司）抢占饮料市场的份额。当时乐百氏和娃哈哈双方达成了一份涨价协议，在乐百氏涨价后，娃哈哈并没有执行涨价协议。结果是娃哈哈大量抢占了乐百氏的市场份额。最后何伯权根本没办法完成合同上的指标，造成五元首集体引咎辞职，乐百氏本来取得的权益也变成了海市蜃楼。一代商界传奇人物何伯权就此淡出了人们的视野。

这对于乐百氏的管理者来说实在是一个谈判的深刻教训！在谈判阶段，由于粗心大意，过于自信，没有看穿对方抛出的烟雾弹，导致谈判策略失误，在谈判中没有为自己争取到最大的利益，白白断送了公司的前程，也把个人的前程搭了进去。

古语云“兵不厌诈”，你有计策，我有对策，这是很正常的事，正所谓“兵来将挡，水来土掩”，因此在谈判中要识破对方的谈判伎俩，以免让自己落入圈套。

如果对方总是把问题丢给你，那你就要小心了，他可能是在逼你做决定。棘手的问题就好比烫手的山芋，千万不能接，要想办法把问题抛回给对方，让对方去解决。

如果对方用请求的语气让你做出让步，那你要小心在你让步之后他可能不会止步，你需要做的就是让他答应在你让步之后也要让步，或者干脆说服他首先让步，避免吃哑巴亏。

如果对方给了一个很有诱惑力的条件，那么你要小心他是要使用逐步进攻的策略了。这个时候你可以适当提高自己的条件，并且要有坚定的立场，不轻易让步，和对方拼心理。如果对方给你加价到了一个理想的水平，你再做出降价成交。

如果已经达成了协议，并且准备要签合同，这个时候对方还是提出了一些看似很小的要求，并强烈表示希望你能够同意，你要小心了，千万不能开这个先例，因为它可能是一个填不满的无底洞。

如果是团体谈判就要小心红脸白脸的问题了，团体往往会派出一个白脸，和你进行强硬的谈判，把你折腾得喘不过气来，然后在你精神最脆弱的时候再派出一个红脸来扮演和事佬的角色。这样就会给你一种他们在努力帮你争取好处的错觉。这个时候你要保持绝对清醒，不能掉进他们设计的圈套。

如果对方使用请示上级的低级策略那就很容易应对了，就要紧紧逼问对方一定要给你一个回答，这样反而知悉了对方的最终底线。

总之，谈判中，对对方的谈判伎俩要多加注意，努力戳穿对方的心理诡计，争取让谈判的天平向自己这边倾斜。

动之以情，授之以谋

谈判有道

说服不代表就是战胜对手，而让步也不代表是向对手投降。说服与让步里面包含不少方法与技巧，谈判的成功与否与运用好说服、让步的技巧是密切相关的。

事实证明，掌握谈判策略的人，加上自己的实力，配合当时的情境，可以兵不血刃地化解危局、拯救“众生”。这种功德如何夸大，都不会过分。

历史上，五代十国的混战局面结束以后，北宋统治者面临着两个重大问题：一是如何重建中央集权的专制统治，使唐末以来长期存在的藩镇跋扈局面不再继续出现；二是如何使赵宋王朝长期巩固下去，不再成为五代之后的第六个短命王朝。

对此，宋太祖赵匡胤求教宰相赵普：“从唐朝结束以来的数十年，皇帝已经换了八个家族了，战争频繁不休不止，百姓生活在水深火热之中，这是为何呢？朕想结束天下的战争，使国家长治久安，如何才能做到？”

赵普回答：“陛下能够认识到这个事情，真是天地之福，人神之福啊。造成天下的混乱，并非别的原因，就是藩镇的权力太大，君主弱而臣子强。如今要想解决这样的情况，只有削弱藩镇的权力，限制他们的财政，将他们的精锐军队收归中央统一调度，这样天下就会和平了。”

听了赵普的建议，宋太祖在宫里举行宴会，石守信、王审琦等几位老将都来了。大家喝过酒，开始无话不谈。宋太祖示意身边的太监退出去，然后和大家干了一杯酒，接着说：“没有大家的帮助，我不会有今天的地位。但是你们可能想象不到，做皇帝也有许多苦衷啊，有时候还不如你们自在。说实话，我都好久没有睡过安稳觉了。”

大家听了知道里面隐含着内情，就问其中的缘由。宋太祖仍旧不露声色：“人们都说高处不胜寒，我站在很高的位置上已经感觉到寒意了。”

石守信等人知道宋太祖担心有人篡夺他的皇位，非常害怕，于是站起来跪倒在地上说：“现在天下已经安定了，没有人敢对陛下三心二意啊！”

宋太祖摇摇头说：“你们和我南征北战，我自然信得过。但是如果你们的部下为了攫取高位，把黄袍披在你们身上，会出现什么情况呢？”

石守信等人听到这里意识到大祸临头，十分恐慌，急忙求饶：“我们愚蠢，没有过多考虑，请陛下给指条明路吧。”

宋太祖借机表达了自己让他们放弃兵权的想法，建议“人生苦短，犹如白驹过隙，不如多累积一些金钱，买一些房地产，传给后代子孙，家中多置歌伎舞伶，日夜饮酒相欢以终天年，君臣之间没有猜疑，上下相安，这样不是很好吗？”大臣们答谢说：“陛下能想到这里，对我们有起死回生的恩德啊！”

第二天，石守信、高怀德、王审琦、张令铎、赵彦徽等上表声称自己有病，纷纷要求解除兵权，宋太祖欣然同意，让他们告老还乡了。

开国皇帝杀功臣，在历史上比比皆是，如汉朝开国皇帝刘邦、明朝开国皇帝朱元璋，都是这样的典型。宋太祖不仅不杀，而且采取一种最省力的方式，让大家都得到很好的结局，这里有三点很重要：一、威吓；二、推心置腹的谈心；三、安排出路。也就是晓之以理动之以情授之以谋，三点相互配合，缺了其中任何一点，效果必然大打折扣。

在这段历史故事中，宋太祖没有采取军事行动消除将帅手中的权力，而在酒宴上也没有与大家直接说明自己的想法，而是通过隐晦的方式表达出自己的意图，触动对方心灵，使大家知难而退，达到了预期的目的。试想一下，他如果心直口快，直接表露出自己的担心，必然给自己带来麻烦。

对于处于领导阶层的人来说，他们说的每一句话都能给别人带来猜想，所以说话必须慎重。在谈判中学会隐晦表达，能给对方留有回旋的余地，使自己保持谦逊的姿态，就容易形成良好的互动。一些人说话过于直白，往往把他人逼进死胡同，使彼此的关系僵化。

一人之辩，重于九鼎之宝；三寸之舌，强于百万之师。古有战国苏秦数国游说不辱使命，今有商业谈判改写一个地区的经济发展航向。出众的口才艺术、谈判技能，无疑也是一种巨大的生产力！对谈判高手来说，把话说到点子上，说到对方的心坎里，突破对方心理防线，实现利益的交换，就到达了成功的彼岸。

兵不血刃地攻下对手，取得谈判胜利，需要掌握谈判桌上两大利器——说服与让步。在谈判桌上，这两点就像一对密不可分的朋友。具体来说，说服不代表就是战胜对手，而让步也不代表是向对手投降。说服与让步里面包含不少方法与技巧，谈判的成功与否与运用好说服、让步的技巧是密切相关的。

（1）把握说服的方向

谈判的方向与原则是谈判双方的起点，但有时候，随着谈判进程深入，谈判偏离了方向，从而导致谈判偏离了双方的初衷，最终也难以达到双方的要求。为了避免谈判破裂，必须要掌握说服的技巧与方法。

比如，可以利用图像化、数字化的PPT展示你的意图，给对方直观的表达；可以从对方角度来说话，通过换位思考引导对方按照你的思路走；还可以包装谈判议题，在谈判桌上不是讲是非，而是讲利害，让对方洗耳恭听；可以在谈判中进行回顾与总结，得到对方确认，方便谈判顺利进行下去。

（2）让步不代表投降

在商务谈判中，让步是经常发生的，而且让步与说服往往相辅相成。但是，在谈判让步的前前后后，必须注意让步的技巧，不能无意识的让步，也不能乱让步，需要掌握让步的章法与技巧。

首先，掌握让步的幅度，要做到让步幅度递减，第一步让步不能太小；其次，把握好让步的时间，让步时间应该是越来越慢的，速度太快，别人会认为你让步很容易；再次，掌握让步的次数，让步的次数，一般不要超过3次，让过5次就太多了；最后，把握让步的底线，避免一不小心结果就是自己陷入了自己挖的坑里面，这就得不偿失了。

利用对方把柄臣服对手

谈判有道

能在谈判中发现对方的弱点，并有效威胁或利用对方的弱点来达到目的，才是最佳的谈判法则。

把柄，字典上的解释是“物体上可以握住的把手，也比喻可以被人用来要挟和攻击的短处”。正所谓“抓刀要抓刀柄，制人要拿把柄”，如果被别人抓住了自己的把柄，多数情况下，不得不屈从于对方，任凭对方“宰割”。

谈判中，如果有幸抓住了对手的把柄，那么就可以利用其把柄牵制对手，让对手臣服。

在长陵一带，有个大户人家出身的名叫尚方禁的人，年轻的时候曾经强奸了别人的妻子，被人用刀砍伤了面颊。如此恶棍，本应该重重惩罚，只因为他贿赂了官府的功曹，因此，不但没有被革职查办，还被升调为守尉。

朱博做了冯翌的地方官后，有人向他告发了此事。朱博就叫人将尚方禁召唤来。尚方禁心中七上八下，硬着头皮来见朱博。朱博仔细看尚方禁的脸，果然发现了伤痕，就将左右退开，假装十分关心地询问究竟。

尚方禁做贼心虚，知道朱博已经了解了他的情况，就赶忙跪在地上像小鸡啄米似的接连给朱博叩头，如实地将事情的经过全部告诉了朱博。期间，头也不敢抬一下，只是一个劲儿地哀求："请大人恕罪，小人今后再也不干那种伤天害理的事情了。"

"哈哈哈哈……"朱博大笑道，"男子汉大丈夫，敢做敢当，怕什么？给你一个立功赎罪的机会，你能为我效力吗？"

尚方禁一听有这样的好事自然愿意，连连点头答应。于是朱博命令尚方禁不得向任何人泄露今天的谈话内容，让他有机会就记录一些其他官员的言论，并且及时向朱博汇报。由此，尚方禁成为了朱博的亲信、耳目。

在这个故事中，尚方禁之所以心甘情愿并且忠心耿耿地为朱博效力，最根本和主要的原因就是有把柄抓在了朱博的手里，不敢不唯命是从了。

所谓抓住对方的把柄实际上也就是抓住对方的弱点，每个人都是有弱点的，把对手的弱点利用好了也就相当于抓住对方的把柄了。

对于性格急躁的人使用激将法效果最佳，因为这类人最禁不住"激"，有时候连他的兴趣爱好都可以被用来"激"起他的欲望。只要是用他最喜欢或者最忌讳的东西诱惑或者打击他，他多半会受不住"刺激"从而掉进你设计的圈套。

米开朗基罗在雕塑一件教皇朱里二世委托的大理石作品时，受到了对方的阻挠。两人意见不一，协商了好几次，都没有达成一致意见，而且每一次都闹得很不开心。米开朗基罗失去了耐心，同时，他也知道这样下去也不是个办法，他苦思良久，终于有了主意。

当和教皇再一次商讨此事时，米开朗基罗长叹了一口气，对教皇说："既然我们很难达成共识，您还是另请高明吧！我决定放弃您的委托。"

随行的人都十分吃惊，忍不住为米开朗基罗担心。因为教皇手握大权，高高在上，岂能容他人拂他的意。看来米开朗基罗难免要受到惩罚。

出乎众人的意料，朱里二世不但没有生气，反而一改平时飞扬跋扈的说话态度，温和地对米开朗基罗说："好吧，好吧，就按照你的意思办吧！"

对教皇的这一态度，米开朗基罗实际上已经预料到，因为他十分清楚地知道，世界上米开朗基罗只有一个，没有第二个，没有人可以取代自己，这是教皇的软肋所在，所以，米开朗基罗对这次摊牌很有信心。事情也果真如他所料。

培根在《论谈判》中说过这样一句话："在谈判前，要先了解对方的个性和目的。想要得到你想要的谈判结果，就要顺着对方的喜好来。能在谈判中发现对方的弱点，并有效威胁或利用对方的弱点来达到目的，才是最佳的谈判法则。"

当然，有些把柄不是做功课准备出来的，而是在谈判中对方无意间流露出来的。比如辩论中的口误，在谈判中对手由于情绪或者性格的原因也会有思想混乱的时候，这个时候就要及时抓住并利用对方的把柄。当然也可以看准时机，借题发挥创造把柄，"安"到他身上，如果利用得好，同样会起到应有的效果。

攻心，才能突破心理防线

谈判有道

要想说服对方，取得谈判的胜利，关键在于要攻克对方的心防，把话说到对方的心坎上，步步为营，以此达到说服对方的目的。

话不在多，“攻心”最重要！

无论是日常生活中，还是谈判中都少不了说服别人。在谈判中，如果一句话说到对方心里去，很容易就会攻破对方的心理防线，那么怎样说服的成功率最大?最精髓的东西又是什么呢?

其实，很多人是害怕思考这个问题的，因为大多数人习惯在谈判中随机应变。没错，随机应变是必不可少的谈判技巧，但是掌握说服的技能则可以使谈判进行得更加得心应手。

要想说服对方，取得谈判的胜利，关键还在于要攻克对方的心防，步步为营，以此达到说服对方的目的。也就是我们经常说的把话说到对方的心坎上。

我们认识的人中可能有被大家戏称为“话篓子”的人，这种人虽然话很多，但是却没几句是非说不可的，甚至话多的让人有些厌恶。很显然，这就是没有能把话说到点子上，自然会招致厌恶。

在谈判中，更是忌讳话多。话多了，就不能专心地倾听对方的想法，没有倾听就不能全面地了解你的谈判对象，不了解对象，说服自然是无从谈起。

台湾有一位知名的"讨债专家"说，这世界上有三种人的债最难讨，就是民代政客、警察和黑道。不过，他都有办法讨得到，因为他深知他们的弱点：民代政客怕丑闻，警察怕被告，黑道怕人情。只要掌握了他们的弱点，他们一样乖乖听话。

这位"讨债专家"可说是如假包换的"攻心专家"。因为他抓住不同人的特点，从不同的心理类型出发，自然能够达到自己的谈判目的。

"攻心"不仅是用在讨债上的良方，只要"攻心"到位，别说讨债了，爱情、事业、订单、财富、育儿和人生幸福，哪一样不是顺风顺水呢？包括美国联邦调查局和知名国际公关公司在内的许多谈判高手都表示，要说服一个人，口才不是重点，攻心才是关键。

比如在饮料销售中，询问顾客"您需要咖啡吗？"或者"您需要牛奶吗？"就不如问"您是需要咖啡还是牛奶？"取得的销售额高。原因在于，消费者在购买饮料的时候往往比较盲目，更多的人并不知道自己要什么好，如果抓住了这一心理，主动提供给消费者一个选择，那么销售成功的几率就会很大。

打个比喻，"攻心"就好比打靶，谈判对手就好比靶心，正中靶心，即是"攻心"成功，说服成功。

电气公司的约瑟夫·韦伯在宾夕法尼亚州的一个富饶的荷兰移民地区做视察。“为什么这些人不使用电器呢？”经过一家管理良好的农庄时，他问该区的代表。

“他们一毛不拔，你无法卖给他们任何东西。”那位代表厌恶地回答，“此外，他们对公司火气很大。我试过了，一点希望也没有。”

事情可能真像那位代表所说一点希望也没有，但韦伯决定无论如何也要尝试一下，因此他敲响了尤根博格夫人家的门。

一看到那位公司的代表，尤根博格夫人立即就当着他们的面，把门砰的一声关起来。韦伯又敲门，她再次打开门。

“尤根博格夫人，”韦伯说，“很抱歉打扰了您，但我们来不是向您推销电器的，我只是要买一些鸡蛋罢了。”

尤根博格夫人把门开大一点，怀疑地瞧着他们。

“我注意到您有那些可爱的多明尼克鸡，我想买一打鲜蛋。”

“你怎么知道我的鸡是多明尼克种？”尤根博格夫人好奇地问。

“我自己也养鸡，而我必须承认，我从没见过这么棒的多明尼克鸡。”

“那你为什么不吃自己的鸡蛋呢？”尤根博格夫人仍然有点怀疑。

“因为我家的鸡下的蛋是白皮的。做蛋糕的时候，最好是用红皮的，而我太太很喜欢做蛋糕。”

到这时候，尤根博格夫人放心地走出来，态度温和了许多。韦伯趁机四处打量了一下，发现这家农舍有一间修得很好看的奶牛棚。于是，韦伯说："我猜想，你养鸡所挣的钱，一定比你先生养乳牛挣的更多。"

尤根博格夫人一听这话笑了起来！随后，她领韦伯看了她的鸡棚。韦伯对尤根博格夫人鸡棚中各种小机械装置大为称赞，还对她讲起饲料和温度的话题，并向她请教了几个小问题。很显然，他们在这种交流中都很愉快。

过了一会儿，尤根博格夫人告诉韦伯先生，她有些邻居在鸡棚里安了电器，听说效果不错。希望能得到他的建议，是否有必要装电器。

两周后，尤根博格夫人家里的那些多明尼克鸡就在电灯的照耀下，满足地叫唤了。

可见，面对谈判对手时，话说得多少或者说得多漂亮都是其次，关键在于"攻心"。攻心是一种洞察谈判对象心理、赢得其信任的技巧。有时一句问候，一个微笑，一个动作就能打动对方，就能获得对方的理解与回报，促进谈判向有利于自己的方向发展。

以无理对无理，让对方知难而退

谈判有道

在谈判之前，无论你会在谈判中处于什么位置，最好提前准备一个无理的要求，以备在对方提出无理条件的时候回击对方，以遏制他在接下来的谈判期间继续提出无理要求。

在这个世界上，总有一些不讲道理的自私者或病态者，这些人不会轻易接受别人的想法，然而又想把自己的想法强加给别人，我们在碰到这些无理的人的时候，最好的办法就是以无理对无理。

在谈判中，虽然大部分谈判者都知道，谈判是让对方同意自己的条件是合理的，并且接受自己提出的条件和要求的过程，可是很多人会遇到不讲道理的谈判对象，那么遇到这样的谈判对象要怎么应对呢？

所以在谈判之前，无论你会在谈判中处于什么位置，最好提前准备一个无理的要求，以备在对方提出无理条件的时候回击对方，以遏制他在接下来的谈判期间继续提出无理要求。这样对方就会明白在你这里提出这样的条件是愚蠢的选择，也就适可而止了。

另外，在谈判中敢于提出无理条件的谈判者多半是在逼迫你做出让步，这个时候如果你接受对方的要求就掉进了对方为你设计的圈套，一步一步被对方牵着走了。所以，最好能够不听从对方，不作退步，这样就会无形挫败对方的锐气，让他感觉你并没有那么好说话。

在我们的谈判中，会经常遇到不通情理或者不讲情面的人，他们的嘴上功夫一般都是很厉害的，动辄就以咄咄逼人的姿态出现在你面前，经常把你逼得无路可走。这个时候你只顾给他讲道理是行不通的，唯一明智的做法就是同样以强硬的姿态还以颜色。

咄咄逼人的人一般来说都是有备而来的，对自己的要求信心满满的，并自信自己可以达到自己的目的，他们说话的时候都会把目标指向一个方向，不断强调，逼你就范。表面上你是处于被动的地位，但只要你转换角度，也同样可以把对方逼到相同的境地。

许多年前，日本京都市有两个人是邻居。一个是穷鞋匠，一个是渔行的富老板。

渔行老板很善于经营，他从早到晚剖鱼、煮鱼，把鱼串在竹签上，放在火炉上，熏好晒干。

他做的鳗鱼特别好吃，他把鳗鱼浸在酱油里，然后放在油锅里炸，再浇上一些醋。但是他有一个缺点：太吝啬，对谁也不肯赊账。

邻居穷鞋匠非常喜欢吃鳗鱼，但他没有多余的钱买鱼吃。

然而，穷有穷的办法。

一天中午，到了吃饭时间，穷鞋匠走到渔行老板家里，从怀里掏出一块米饼，坐到烧熏鱼的炉子边，一边同鱼老板闲聊，一边贪婪地吸着熏鱼的香味。

这味道多好啊！鞋匠用鱼的香味就着米饼吃，就好像自己嘴里有一块又肥又柔软的鳗鱼一样。

接连好几天，鞋匠都到鱼老板家里来吸熏鱼的香味。

吝啬的鱼老板发觉了鞋匠的计谋，就决定无论如何要收他的钱。

一天早晨，鞋匠正在补鞋子，鱼老板走进鞋匠家，默默地交给他一张纸，上面写着鞋匠到鱼店里去过几次，吸了几次熏鱼的香味。

“先生，这张纸为什么交给我？”鞋匠心中已猜到八九，表面却装作不解地问道。

“为什么？”鱼老板不客气地叫道，“你难道以为每个人都可以随便到我店里来吸熏鱼美味吗？不行的！这种享受必须付钱！”

鞋匠听了，一句话也没说，默默地从口袋里掏出两枚铜币，放在茶杯里，用手掌捂住，开始摇茶杯，铜币发出很响的声音。

过了几分钟，他停止了摇动，把茶杯放在桌子上，笑着对鱼老板说：“听见铜币的声音了吧！现在，我们抵消了债务！”

“怎么抵消？你说什么？你不肯付吗？”

“我已经付给你了。”

“怎么付的？什么时候？”

“刚才！我以铜币的声音付了你熏鱼的香味。你要是以为我鼻子得到的比你耳朵得到的要多，我还可以把这个茶杯再摇几分钟！”

鞋匠说完，就要伸手去拿茶杯。

吝啬的鱼老板深怕一会儿自己听到的声音比鞋匠吸过的香味还要多，便没等杯子发声音，就急忙掩着耳朵跑回自己的店里去了。

在这个故事里，鞋匠虽然熏了点鱼香，但是并没有对鱼老板造成什么损失，鱼老板提出的所谓赔偿简直就是无理的。对待这样的事情，鞋匠不但没有发飙，而是采取以其人之道还治其人之身，用无理的要求打回对方的无理。

可见，如果在谈判中遇到了用无理要求逼迫你就范的对象的时候，千万不要轻易上当，要有自己的防线，必要的时候，用同样无理的要求来一个反击。

你可能很希望做成一笔生意，这样在心理上就会不自觉出现依赖对方的倾向，你觉得自己是靠着对方才能做成生意的，把生意的成败完全归于对方是不是会配合你。首先你要破除的就是这种心理。没有哪一笔生意是缺了谁就不行的，要始终保持自己的自信，在心理上不依靠对方，才能争取到公平谈判的机会，就不会被对方的无理要求吓退。

保持坚决的态度也同样重要。很多时候，对方敢于提出无理的要求大多是觉得你是好“欺负”的，就嚣张起来了。你需要做的就是打消对方的这种念头，当发现对方有无理倾向的时候，要保持自己的坚决态度，并刻意让对方知道你是不可能轻易屈服的。

另外，你还可以采取提前扼杀的方法，为了防止对方提出过分的请求，在谈判开始的时候就把这扇门关上。你还可以在对方没来得及提条件的时候就奉上自己的要求，这样对方的精力就会放在应付你的问题上面，难以顾及再向你提条件。

当然，也很有可能你会被对方的针锋相对逼得无力反击，特别是一些接连提出的重大问题，你根本没有办法做出一一回答，那到了这样的地步又该怎么办呢？那就要考验你的细心程度。遇到这样情况的时候最好能做到仔细听对方提的要求，在他的谈话中挑拣出漏洞，哪怕是很小的漏洞，再微不足道也无所谓，只要能从这个漏洞顺利牵引出其他问题你就会反败为胜。

谈判因为利益的冲突难免就会有意见的不同，矛盾自然是少不了的，但切不可以把自己自动放于好商量的位置上任人宰割。

第十章

软招硬法齐出，破除困境化解僵局

需要刚硬的时候出硬法，需要柔软的时候出软招。亦刚亦柔、刚柔并济才是解决问题之道，才能让谈判走出困境化解僵局。

避免对抗性谈判

谈判有道

要尽力避免对抗性谈判，如果没有掌握好节奏，产生对抗性谈判，进入谈判僵局，就要采取多种办法，破除障碍努力从僵局中走出来。

在我们印象中，律师通常就是对抗性谈判的人。没错，他们往往咄咄逼人，在对抗中寻找胜利的快感。

然而，在谈判一开始的时候，即使是不同意对方的观点和条件，也千万不要像律师那样立刻反驳对方观点，形成一种对抗情绪。这种对抗情绪会使对方有意识地强化自己的立场，如果就此把交易谈判变为立场谈判，在立场上开始讨价还价，那么谈判就会进入僵局。

所以，即使是不同意对方，也最好先表示同意，或者干脆保持沉默，或者可以在精神上对对方表示支持，为自己后面进行反攻留有余地。下面几个例子或许能更直观地让你明白不对抗的好处。

温斯顿·丘吉尔是一个非常了不起的政治家，但同时也有一个很大的毛病——喜欢喝酒。所以他总是和提倡禁酒的阿斯托夫人斗嘴。一天，阿斯托夫人走上前来，说道："温斯顿，你又喝醉了，真让人讨厌。"丘吉尔是一名谈判高手，他知道自己不应该立刻就反驳阿斯托夫人，于是他说："阿斯托夫人，你说得一点也没错，我的确喝醉了。但到了早上，我就会醒过来，而你却一直会让人讨厌下去。"

在这里，丘吉尔就是巧妙地运用了先不反驳、不对抗，而是先对对方的观点表示同意，然后再进行反攻，挽回了自己的面子。

春秋时期，田单辅佐齐襄王治理国家。一次，两人经过淄水，看到一位老人光着脚趟水过河。上岸以后，老人经受不住严寒，昏倒在路边。田单急忙脱下皮衣，给老人穿上。

看到这种情形，齐襄王不满地对身边人说："田单对老百姓施恩惠，不就是打算借此逐步夺取我的国家吗？应该时刻提防他。"

旁边的大臣贯珠说："大王不如顺势表扬田单，就说：'寡人忧虑百姓饥饿无食，田单收容他们，并且供养他们；寡人忧虑百姓寒冷无衣，田单脱下皮衣，给他们穿；寡人忧心百姓劳苦，而田单也忧念百姓，合于寡人的心意。'我们嘉勉田单的善举，就是在表现大王对百姓的善行。"

于是，齐襄王接受了大臣的建议，立即赏赐田单，并且夸奖他的行为。周围的人看到这种情形，纷纷议论："田单爱护老百姓，原来是大王教导的啊！”

在这里，齐襄王接受大臣的建议，没有斥责田单抢自己的风头，避免形成对抗性的关系，反而通过巧妙的领导艺术提升了自己的形象，这是把坏事变成好事的化解之道。

要避免和对方进入对抗性的谈判，是有方可循的。

（1）不能在谈判开始的时候就和对方争辩

争辩往往是对抗的开始，谈判刚刚开始就和对方争辩起来，容易让对方误会你是为吵架来的，对抗性情绪一下子就产生了。即使原本是有合作意向的，也会因为坚持自己的立场、维护自己的利益而对抗起来，使谈判进入僵局。

（2）遇到具有对抗性话题的时候，可以先冷静一下

人在对抗情绪下往往比较激动，这个时候最好是暂停谈判，使激动的情绪得到冷却，双方都能够有一个客观的思考过程。要想搁置争议可以提议先休息一下，当然也可以建议讨论下一个话题。

（3）选择友善的谈判方式

大多数谈判的场合是严肃的，谈判双方都代表了一定的立场，在谈判中双方都在尽力为己方争取利益，容易出现比较激烈的言辞，这些话都可能使谈判产生对抗性，如果用友善的表达方式效果就会完全不同。

比如对一个问题有争议，你可能会说：“好吧，我想谈谈我的要求。”就显得很生硬、很疏远，而改成“不如这样吧，听听我的看法，让我们一起来探讨探讨解决问题的方法”就亲近多了。“你怎么可以这样说呢？”之于“我很了解你的感受，我原来也是这么觉得的，但是后来我发现不是这样的。”也蕴含着同样的道理。

（4）尽力化解对方的对抗性情绪

如果很遗憾，对方已经不满甚至愤怒了，也要尽力去化解对手的对抗性情绪。首先，应该表现出对对方的尊重，千万不要自己也产生对抗的情绪。你可以安慰对方：“我明白，你可能不太满意我们的方案，如果你有什么建议，可以提出来，我们共同商讨。”

年轻时，福克兰在美国鲍尔温交通公司工作。当时，他只是一名普通员工。公司收购了一块地皮准备盖一座现代化办公大楼。该地块原有的100多户居民在大楼动工之前需要搬迁，离开此地。可是其中有一位爱尔兰老妇人在当地很有威望，她首先跳出来拒绝搬迁，其他人随之响应，拆迁工作被迫停止了下来。

福克兰对公司领导说：“如果我们通过法律手段解决这个问题，既费时间又费金钱。如果我们用强硬手段迫使他们搬迁，我们会增加很多仇家，即使大楼建好，我们也会不得安宁。让我来解决这个问题吧！”

福克兰来到这位爱尔兰老妇人的家，恰巧老妇人正在自己门口坐着。福克兰在老妇人家门前来来回回走，一脸忧郁的样子。老妇人忍不住问他：“年轻人，怎么了？什么事让你这么忧愁？”福克兰愁苦地说：“我怎么能同您相比。看您问话如此得体，一定很有领导才干。我呢正为此地的拆迁工作犯愁呢！我不知道如何才能劝这些居民搬到一个更好的地方去生活，我欠缺的就是领导能力啊！怎么办呢？”

老妇人沉思了一会儿，说道：“看你难为成这样，年轻人，这件事我能帮上你的忙，你回去等我的消息吧！”

果真，福克兰回去两天后，这100多户居民都来到拆迁办公室在拆迁协议书上签了字。福克兰知道自己的谈判取得了成功。

人际关系学大师卡耐基说过让他人心甘情愿去做任何事情的唯一方法，就是满足他人所需。爱尔兰老妇人需要的是他人的尊重和认同，而福克兰恰恰满足了她的心理所需，所以，才让事情得到了顺利解决。

谈判是一场心理博弈，如果事先能了解到对方的心理所需，再采取合适的方法给予其满足，就会把横亘在双方之间的障碍化解掉，获得令自己满意的结果。

总之，要尽力避免对抗性谈判，以免进入谈判僵局。如果没有掌握好节奏，产生了对抗性谈判，进入谈判僵局，就要采取多种办法，破除障碍努力从僵局中走出来。

化解谈判僵局的方法

谈判有道

僵局不可怕，可怕的是面对僵局束手无措。如果有了化解僵局的办法，就可以打破僵局，推进谈判。

要想化解僵局，首先要先弄明白出现僵局的原因，总的来说，谈判中的僵局出现的原因主要有以下几种：

（1）立场观点僵局

立场问题是导致僵局出现的最主要的因素。双方各自坚持自己的观点和主张不肯让步，利益谈判成为了立场谈判，谈判俨然已经成为了双方意志力的较量，谈判陷入了僵局。

应对这种僵局就要求双方都要冷静地思考谈判的目的。为了达到谈判的双赢，最好能在立场问题上做出小小的让步，正所谓不能在立场问题上讨价还价，搁浅立场，只谈利益在这种僵局中对双方会更有利。

在埃以和谈中，以色列最初宣布要占有西奈半岛的某些地方，显然这种方案是不能为埃及所接受的。当双方越过对立的立场而去寻找促使坚持这种立场的利益时，往往就能找到既能符合这一方利益，又符合另一方利益的替代性方案，即在西奈半岛划定非军事区。

在取得土地使用权的谈判中，双方原来坚持的立场都是合理的，而当双方越过所坚持的立场，而去寻找潜在的共同利益时，就能找到许多符合双方利益的方案，僵局就可以突破了。

（2）一方过于强势的僵局

在谈判中，如果其中一方过于强势，他就会在无意中想要逼迫对方接受自己的观点，就是所谓的强迫对方就范。然而受到逼迫的一方，越是逼迫，越是不会退让，谈判的僵局就很容易出现。

为了应对这种僵局或者在根本上杜绝这种僵局的出现，就要在谈判期间时刻提醒自己谈判双方是处于平等的地位的。在平等观念的指导下进行谈判，成功的可能性会更大。

（3）文化差异导致僵局出现

这种僵局主要出现在不同国家的谈判双方之间，主要原因就是各自的文化传统不同，理解问题的方式和表达想法的方式有所不同，常常导致谈判双方沟通不畅，从而导致谈判僵局的出现。

这种由文化引起的谈判僵局，要想化解还要从文化入手，需要谈判人员在谈判前做足功课，充分了解对方的文化传统。此外，聘请文化专家和翻译也是一个解决问题的好办法。

实际上，谈判中的僵局并不仅仅只有以上三种，其化解方法也不一，总体来说需要从几个方面努力：

（1）要保持冷静头脑

有了冷静的头脑才能进行冷静的思考。有些谈判者在谈判中头脑混乱，无法明晰自己的利益，盲目地坚持自己的立场，甚至会在谈判激烈的时候忘记自己的谈判出发点是什么。所以，应对这种僵局就要时刻保持冷静的头脑，进行客观的思考，正确分析谈判中遇到的问题。

（2）要努力协调彼此的关系

谈判双方谈判的目的就是为了寻求利益结合点，所以在遇到谈判僵局的时候就要努力协调彼此的关系，使双方都能回到寻找共同利益的道路上来。只有重新分析各自的利益，平衡好双方的利益才能打破僵局，使谈判进入正轨。

（3）要正视不同的意见

谈判双方本来在立场上就是不同的，那有不同的意见就更加情有可原了。然而不同的意见可能会成为谈判顺利进行的障碍，使谈判陷入僵局中。所以，在遇到这种僵局的时候，首先要明确允许不同意见的态度，不仅不能持绝对反对的态度，反而要抱有欢迎的态度。这种友善的态度能使我们以更加心平气和的心情倾听对方的意见。

（4）杜绝自己的极端情绪

极端情绪除了使矛盾激化外，还会令谈判进入僵局，不能起到任何积极作用。所以在谈判中，如果有想要吵架的冲动，就给自己一些警示：“冲动是魔鬼”“大吵大闹是不能解决问题的！”

（5）对僵局持有正确的认识

很多人害怕僵局出现，认为出现了僵局，谈判也就失败了，其实不然。遇到僵局只要尽量化解，还是能够顺利完成谈判的。假使为了避免僵局出现而处处迁就对方，那就会使自己的利益遭受很大的损失。所以要树立正确的态度，正视谈判中可能出现的僵局。

走出谈判困境

谈判有道

谈判中的困境都是有办法解决的，是完全可以化险为夷、转败为胜的，就看你怎么对待和处理了。方法对路，走出困境不是问题。

在与其他人的交流和交往中难免会出现交往困境。做个比喻，闺蜜关系再要好，但并不是任何事情都能说到一起，都可以彼此妥协的，总也避免不了争吵，这就是交往困境。在遇到这样情况的时候，如果只是一味地躲避，是没有用的，还是要想办法走出困境才能维护两个人的友谊。

谈判也是如此，并不是每一场谈判都是一帆风顺的，同时，也不是每场谈判从始至终都是顺利的。谈判是充满变数的，因为谈判双方肯定是存在分歧的，有分歧就有可能步入困境。谈判困境与谈判僵局略有不同，谈判困境通常出现在谈判僵局之前，是僵局之前的摩擦。进入困境并不可怕，可怕的是不想办法解决困境，不解决就意味着没有转机，就可能进入僵局。

无论是立场上的分歧，产品价格上的分歧还是合作条件上的分歧都有可能成为困境的导火索。进入困境，要么双方沉默各不相让，要么终止谈判合作搁浅。可是这样的结果是谁都不想要的，所以要想办法摆脱谈判中遭遇到的困境。

许多人，特别是谈判新手往往在困境面前表现得不知所措，觉得谈判已经失败，完全没有了挽回的可能。实则不然，谈判中的困境都是有办法解决的，是完全可以化险为夷、转败为胜的，就看你怎么对待和处理了。

杰克是蒙大拿州一家医疗器械生产企业的销售代表，有一天，他去拜访一家知名的大型医院，希望该医院能够购买他们公司的产品。当他完成了产品的介绍后，采购主任紧锁着眉头看完了报价单，随后一字一句地对杰克说："你们的产品的确非常棒，就是价格太高了。在你之前，已经有两家公司找过我了，产品的功能都是相同的，但是价格比你低10个百分点，如果你坚持这个价位的话，我们之间是没有合作的可能，你只能去寻找其他合作对象了。"

杰克所在的公司有严格的规定，只允许在销售价格的基础上下降5个百分点。显然，杰克知道价格过高，可是他也知道采购主任已经认可了他的产品，已经存在交易成功的机会，这个时候是不适宜放弃的。于是，他把价格的问题放在一边不提，再次深入介绍公司产品的与众不同，以此来刺激对方的购买欲望，他说："我知道有很多的同类产品，但是我们公司的产品拥有更加完善的性能，治疗效果也更好。此外，我们还有快捷和完善的售后服务、后期维修的费用也比较低廉。"这时，他看得出对方已经有一点动心，于是乘胜追击，最后以比较有利的价格优势谈成了这笔交易。

杰克在遭到采购主任的拒绝，眼看谈判进入了困境，没有了回旋余地的情况下如果放弃继续追击，随即结束谈判的话，就会失去这笔生意。但他是个经验丰富的谈判员，他知道这只不过是一次简单的、普通的相持，对方要么是想要了解更多，要么是希望你主动做出让步，所以他努力寻求解决办法，最终成功走出了谈判的困境，完成了这次谈判。

我们要知道，困境和僵局是明显不同的，僵局是谈判接近破裂边缘的危险时刻，而困境则是谈判过程中经常遇到的情况，那我们怎么才能走出谈判困境呢？

（1）改变谈判环境

可以建议对方改变谈判场所或者谈判时间。比如，如果谈判接近中午了，可以邀请对方共进午餐，在餐桌上与对方拉近心灵距离，转换对方并不愉快的心情，心情愉快了之后再谈判完全就是另一种情形了。

（2）暂时中止谈判

遇到困境可以选择暂时中断谈判，比如说告诉对方现在大家的思维和心情都比较紧张，做出的决定难免会不明智。那为了放松一下心智，可以谈谈个人爱好，聊聊最近的时政要闻，又或者可以讲个小笑话活跃下气氛。敌对的气氛化解了，自然有利于走出困境。

（3）共同承担风险

如果在困境出现的时候能够想办法将谈判话题引到共同承担的风险上来，很多时候困境就解除了。因为共同的风险可以让双方都意识到共同的责任和义务，而忽略谈判中存在的分歧，因此也就比较容易摆脱困境了。

（4）更换谈判人员

如果是团体谈判的话，可以采取更换己方谈判人员，或者用激烈的言辞逼迫对方更换谈判人员。人员的更换意味着谈判的氛围改变了，谈判的困境自然也就改观了。

不让谈判走进死胡同

谈判有道

谈判没有真正的死胡同，在你觉得自己遇到了没有办法解决的问题时，其实只是考验你耐心的时候到了。

在谈判的过程中，我们是否曾经经历过这样的情形：左也不是右也不是，就是谈不拢。小心了，这时你的谈判可能进到了死胡同里。

特别是对于谈判新人来说，进死胡同的可能性很大，“我们并不反对和你们做生意，但是我们必须提前声明，我们绝不会接受你们的支付条款的，必须按照我们的来！”“如果你们执意要坚持你们的条件的话，我想我们已经没有谈下去的必要了。”

在听到这样坚决的话的时候，新人往往会认为谈判已经没有了可能，完全进入了死胡同，再也没有打开困局的可能。死胡同和僵局、困境是有所区别的，僵局是双方就某个问题产生的重大分歧影响谈判继续进行，困境是双方虽然在持续谈判，但是却没有丝毫的进展；死胡同就是双方都感觉没有再继续谈判的必要了。

然而在实际中，为了不让谈判走进死胡同，也就是将死胡同变成畅通的胡同，采取的方法和化解僵局、走出困境是有异曲同工之妙的。其中搁置争议，只谈共同利益是避免谈判进入死胡同最有效的方法。

艾德琳经营一家零售商店，在一次交易中，客户不明白怎么操作他新购买的商品，很是恼火，甚至闹到了艾德琳的店里。艾德琳本想教给客户如何使用这个新产品，可是客户却一点面子都不给，并且冲着他大喊："听着！我要退货！听好了，是退货！我不想和你再讨论这件事了，不然的话，你见到的下一个人将是我的个人律师，我们法庭上见！"

只是对产品的操作方法不够明白，至于闹到法庭？这个人未免有些小题大做了。眼看谈判就要进入死胡同了，艾德琳还是微笑着说："真是不好意思，给你带来了这么大的不方便，请到这边来，喝杯咖啡消消气怎么样？"说着引着客户来到桌子前坐下，并且带着客户要求退货的商品。一边喝咖啡，艾德琳一直没有停止自己的道歉，眼看客户有了消气的迹象，他就开始解释要怎样操作这个商品，客户也发现了商品没有任何问题，只是自己使用不规范而已。

你看，客户为此那么大动干戈，甚至扯到了自己的律师和打官司，很容易让人以为谈判已经进入死胡同，其实，只要有足够的耐心，分析为什么客户会出现这样的情况，再辅之以合适的办法，就能快速帮客户解决问题。

不妨这样来说，永远不要认为自己在谈判中遇到了死胡同，实际上，谈判没有真正的死胡同，在你觉得自己遇到了没有办法解决的问题时，其实只是考验你耐心的时候到了。

1991年，美国试图让以色列再次回到和平谈判桌前与巴勒斯坦解放组织（Palestine Liberation Organization）进行谈判，美国国务卿詹姆斯·贝克再次遭到了以色列的强硬抵制。以色列人起初坚持认为，只要一进行谈判，对方就会提出要以色列从巴勒斯坦定居点撤军，而在以色列看来，撤军是绝对不可能的，所以他们干脆拒绝与自己的敌人坐到谈判桌前。

詹姆斯·贝克是一个非常聪明的谈判高手，他知道，要想让以色列重新坐到谈判桌前，必须要有耐心，首先解决一些小问题。于是他说："好的，我也意识到你们并不准备和巴勒斯坦人举行和平会谈，可我们不妨先把这个问题放到一边。设想一下，如果真的举行和平会谈的话，你们希望会谈的地点在哪儿?是在华盛顿，或者是中东，还是在一个中立城市比如马德里呢?"

通过讨论这些看起来微不足道的问题，美国一步一步地把谈判推向前进。然后美国提出了巴勒斯坦谈判代表的问题："如果巴勒斯坦解放组织派出代表参加谈判，以色列方面希望谁来代表该组织?"解决完这些小问题之后，美国发现再和以色列讨论和平问题已经变得很容易了，他们最终同意和巴勒斯坦解放组织举行和平会谈。

可见，国务卿詹姆斯·贝克在这次谈判中采取的策略和艾德琳解决顾客抱怨采取的策略相同，都是采取了转移对方注意力的方法。不同的是，詹姆斯·贝克是把问题暂时搁置不提，首先解决一些谈判中可能遇到的小问题，这样的方法除了能帮助谈判走出谈判的死胡同外，还可以为接下来的谈判积聚能量。

除了将矛盾问题暂时搁置以外，还可以采取故意装糊涂的办法，弱化矛盾，避开尖锐的局面和话题。当年基辛格面对记者追问美国到底有多少潜艇的问题时，就采取了这个办法，他是这样回答的："虽然我知道这个数目，但是我不知道这个数目是不是保密的。"记者见缝插针："不保密。"基辛格反问："既然不保密，那你告诉我是多少。"记者哑口无言了。

总而言之，在谈判中一定要注意避免把全部的精力和焦点集中到某个问题上。在一个问题上纠缠过多时间，难免起争执，难免想要分出胜负，结果让谈判一步步陷入僵局，双方关系破裂。所以，一旦发现有起争执的苗头，就要及时转移注意力，迂回前进，巧妙化解谈判障碍，让谈判朝着良性方向发展。

掌控谈判节奏，适时改变话题

谈判有道

掌控谈判的节奏，适时地转移话题，有助于破解谈判僵局，但是需要等待或者制造一个成熟的转换话题的时机。

看过《爱情公寓》的人肯定对唐悠悠和关谷神奇这对情侣印象深刻，这对情侣针对吵架制定了一个约定，出现了分歧，而两人又都不想吵架的时候选择“存档”，问题就被放起来了，两个人和好如初。

这实际上是一个转换话题的好方法，暂时将矛盾搁置起来，待到两个人状态都好的时候再拿出来讨论。

心理学研究表明，人在精神紧张的时候更容易把注意力转移到一个轻松的话题上去，这样的心理策略是可以运用到谈判中去的。

这是因为谈判的节奏一般是比较紧凑的，而谈判的气氛是很严肃的，人们在谈判过程中，往往大脑处于思考的状态，在这种状态下，如果无意中被提示一句另一个方向的话题的时候，会不自觉地将注意力转移过去，所以，要想掌控谈判的节奏，适时地转移话题是一个不错的办法。

那要怎么转移话题呢？太突兀的话会影响谈判的效果，因为太明显的转换话题会让对方看出你的“猫腻儿”，谈判只会越谈越糟，所以要等待或者制造成熟的转换话题的时机。

广东玻璃厂和美国欧文斯公司就引进先进的浮法玻璃生产线一事进行谈判。在谈判中，双方就设备是部分引进还是全部引进的问题分歧严重，双方陷入了僵局，广东玻璃厂提出的部分引进方案美方表示坚决不接受。

这个时候，广东玻璃厂的谈判代表虽然心急如焚，但是经过冷静地分析得出假如一直抓住这个问题不放的话，唯一的结果就是越说越僵。于是他聪明地转换了话题，开始避开引进问题，聊起了别的。

“哦，听我讲，我们知道，相信全世界的玻璃厂都知道，欧文斯的技术是世界一流的，无论是设备还是产品都是一流的。”

这个一流的说法使得欧文斯代表的情绪有了很大的改观，紧接着，广东玻璃厂的代表又开始了话题的转换。

“如果贵公司能够帮助我们成为中国最一流的玻璃厂，那我想全中国人民都会感谢你们的。”很明显，这位谈判人员把刚刚似乎离开的话题又拉回来了。接下来，又开始对美方进行了小小的威胁：“贵公司肯定知道，现在，意大利、荷兰等几个国家的代表团，正在和我国北方省份的玻璃厂谈判商讨引进生产线的事宜，很多已经达成了共识。如果在我们这个谈判中因为一点点儿的小事而失败的话，那么我相信，不仅是我们广东玻璃厂，更加重要的是，贵公司会蒙受巨大的损失。”

这位谈判人员用一点点儿的事来代表关于部分引进还是全部引进的分歧，并且不忘指出，谈判搁浅会给欧文斯带来巨大的损失，让美方听起来很是受用。

眼看着，对方有了松动的迹象，我们的谈判人员紧追不舍，适时地再次把话题转换到了是否全部引进的问题上："现在，我们公司确实存在资金困难的问题，确实是没有能力全部引进贵公司的生产线，关于这一点我们感到很抱歉，希望贵公司能够理解和原谅。希望在我们困难的时候，你们能够伸出援助之手，我相信这也会为我们的合作奠定一个很好的基础。贵公司是一个很有眼光的公司，希望能认真考虑我们的方案。"

这样多次的话题转换，缓解了谈判的紧张气氛，使美方代表的敌对情绪也平复了，通情达理的谈话使美方代表很愉悦地接受了广东玻璃厂部分引进的计划，并且很快就签订了合作协议。

这就好比，两个小孩子吵着争夺同一个玩具，大人不知道怎么办才好，如果这个时候，你突然指着天空说："快看啊，天上有一个大飞机。"那么这两个孩子的注意力很容易就被转移了。

也许有人会说这样的伎俩看起来像是只适合骗骗小孩子，上面的成功只是一个极个别的偶然现象，然而，在紧张的谈判过程中，人的思维是很紧张的，当遇到语气尖刻的逼问时，这样的话题会瞬间转移对方的心情，推动谈判的深入。因而，学会在谈判过程中抓准时机转换话题，也是一个有效的谈判技巧。

"这个问题让我们待会儿再讨论怎么样……"

"我知道接下来我要说的可能有一点离题，但是……"

"如果你允许的话，我想谈谈关于……的问题。"

"很高兴这么多的问题都得到了解决，现在让我们进入到……的问题吧！"

类似的说法都是转移话题的好托词，当然，你也可以丝毫不给对方提示，而是根据你们的谈话内容随即转移话题，也是一个不错的方法。

尴尬时，不妨幽他一默

谈判有道

谈判中，出现了冷场、僵局，恰到好处地幽默，会起到缓冲作用，有助于打破冷场和僵局。

虽然谈判的场合有所不同，然而无论在哪种谈判的场合中都有可能用得上幽默。有时候幽默就好比一把钥匙，可以打开谈判对象的话匣子，使绷紧的神经放松警惕，让对方愿意甚至主动与你交流信息。有时候，谈判中，出现了冷场、僵局，如果能恰到好处地幽默，那无疑就会起到缓冲作用，有助于打破冷场和僵局。

美国小说家马克·吐温十分擅长幽默。有一次，他去某个小城，临行前别人告诉他，那里的蚊子特别厉害。到了小城之后，正当他在旅店登记房间时，一只蚊子正好在他眼前盘旋。服务员顿时感到尴尬不已，赶忙驱赶蚊子。

马克·吐温却满不在乎地对服务员说："贵地的蚊子可真是比传说中的还要聪明啊！它竟然会过来预先看好我的房

间号码，以便晚上来光顾，好饱餐一顿呢！”

大家听了马克·吐温这样幽默的说法都禁不住哈哈大笑，一下子尴尬的气氛就消失得无影无踪了。

但是，这一晚，马克·吐温并没有受到蚊子的叮咬之苦，因为全旅店的员工们感激马克·吐温的理解和幽默的良苦用心，一齐出动，想方设法把他屋子里的蚊子全部消灭掉了。

可见，马克·吐温正是巧妙地运用幽默的功效，把紧张的气氛化解了，从理解旅店工作人员的角度出发，帮助旅店人员消除了不好意思的歉意，获得了旅店人员的信任，也获得了旅店人员的真心照顾。

再看一例：

英国首相丘吉尔曾就叙利亚问题和法国总统戴高乐进行一番谈判。当时，双方在这个问题上存在着明显分歧，意见对立难以统一，为此双方都心存芥蒂。这个时候进行谈判，可以预见谈判的难度。

谈判第一天，双方如约会面。丘吉尔用法语开场：“女士们先去逛商场，戴高乐总统和其他先生请随我去花园畅谈。”随后，丘吉尔用英语问随行的工作人员：“我刚才的法语说得还不错吧？虽然戴高乐总统讲一口地道的英语，但他应该能知道这一点。”

听到这里，戴高乐总统和他的随行人员都哈哈大笑起来，就连丘吉尔这边的工作人员也忍不住笑了起来。因为双方的随行人员都知道戴高乐总统能讲一口流利的英语，而刚才丘吉尔的法语却讲得很糟糕。

丘吉尔的一番自嘲起到了奇效，原先紧张、沉闷的气氛一扫而空，双方内心的芥蒂由此缓解了不少，其后的谈判在平和安宁的气氛中进行。

谈判中玩转幽默需要注意下列事项：

（1）要适合谈判对象

谈判中运用幽默时，要符合谈判的对象、环境、事项，应因人、因事、因时、因地而发。同时，还要力求内容健康，不落俗套，语言风趣而不庸俗。

（2）好笑不嘲笑

谈判中的幽默是为了活跃气氛，缓解尴尬，它的出发点是正向的、善意的、友好的，因此，一定要建立在尊重对方的基础上，不要含有嘲笑对方的成分。

（3）可以自嘲

幽默时，可以就自己表面、无大碍的某些缺陷和缺点适度自嘲，这样既可以活跃了气氛，又表现了自己豁达的胸怀，同时，还可以让陷入僵局的谈判得到一定程度的缓解。

幽默的谈吐是一个人思想、学识、智慧的体现，是谈判的润滑剂，可以让谈判气氛活跃，使冷淡、对立、紧张、一触即发的谈判气氛瞬间变得热烈、积极、友好，提高双方谈判或继续谈判的兴致，由此走出谈判僵局、困局。

求同存异，尽量让对方说“是”

谈判有道

谈判中，让对方说“是”，实际上就是让对方在内心深处接受你的观点和条件，让对方主动去做你希望他做的事。

让谈判对象说“是”是化解谈判僵局的第一步，避开分歧只谈共同关心的问题，用可以让对方信服的话获取“是”的回答等方法，都会让你在谈判中顺风顺水。

如果你在谈判中提出了一个观点或者条件，对方冒出一个“不”字，意味着你的观点没有得到对方的认可，那接下来的谈判无疑不会像你想象中的那么顺利。

那么，怎么避免对方在谈判中说“不”，让谈判进入困境和僵局呢？那就需要练习无论在什么情况下都要尽量让对方说“是”。

戴尔·卡耐基曾经说过：“人是不可能被说服的，天下只有一种方法可以让任何人去做任何事，那就是让他自己想去做这件事。”让对方说“是”，实际上就是让对方在内心深处接受你的观点和条件，让对方主动去做你希望他做的事。

如果在谈判一开始交谈的时候，就能让对方说“是”，会让这次谈话有一个好的开端。会让谈话在愉快的气氛中展开而且易增进感情，接下来的谈判就会容易很多。

埃迪是一名银行职员，所有工作的原则必须完全按照银行的规章制度来办。但是，有一天，她突然想，最好不要谈及银行需要什么，而是客户需要什么。所以，她决定一开始就先让客户做出肯定的回答。

第二天，有一位前来存款的年轻客户拒绝填写表格中的某些资料，若是以前埃迪一定会告诉客户：“这个必须填写。”但是今天她却说：“其实这一栏并不是非写不可。但是，假如你碰到意外，是不是愿意银行把钱转给你所指定的亲人？”

“是的，当然愿意。”客户回答。

“那么，你是不是认为应该把这位亲人的名字告诉我们，以便我们届时可以依照你的意思处理，而不致出错或拖延？”

“是的。”客户再度回答。

这时，年轻人的态度已经缓和下来，知道这些资料并不只是为银行而留，而是为了他自身的利益需要。所以，最后他不仅填写了所有的资料，而且在埃迪的建议下，开了一个信托账户，指定他的母亲为法定受益人。当然，他也回答了所有与他母亲相关的资料。

由于刚开始时埃迪就让客户做出肯定的回答，这样反而使客户忘了原本所坚持不愿回答的问题，而痛快地按照埃迪的建议做了许多事情。

正是这种让对方说“是”的谈判表述方式让埃迪挽回了一位差点失去的客户。由此可见，要想成为一名成功的谈判人员，学会让谈判对象做出肯定的回答很重要。

谈判中，特别是价格谈判中，如果能让对方在一开始的时候就说“是”，那就已经成功了一半。如果能够巧妙地运用技巧，让对方连续说“是”，那么成交就有九成的把握了。因此，如何尽量让对方说是就成为谈判表述的关键所在了。

（1）避开重大分歧不谈

谈判中，不要一上来就谈一些双方可能有重大分歧的事，那样只会让谈判的气氛变得紧张，更容易让谈判走入困境。明智的做法是先强调双方都同意的事，并且不断地强调。最好能得到对方“是，是”的回答。这对交易的成功起着举足轻重的作用。

（2）说话要让对方信服

想要得到对方的肯定回答，首先得保证你的话能使对方信服。如果你无法掌控和对方谈论的话题，往往要跟随对方一起去议论一些主观性的议题，那最后的意见就很容易产生分歧。这种情况下，不要给对方“上纲上线”，而是先随着对方的观点，一起展开一些议论，与其产生“共鸣”，再在恰当的时候将话题引到能让对方相信自己的谈判话题上来。

（3）用提问的方式让对方说“是”

每个谈判对象都会有一种共同的心理，就是认为说“不”比说“是”更容易，也更安全。要知道，无论是在什么场合的谈判中，对方说“不”对谈判来说是很不利的，所以，谈判中在向对方提问的时候要尽量设法不让对方说出“不”字来。

这样的方法有很多，其中一个就是在一个问题中提示两个可供选择的答案，两个答案都是肯定的，让客户除了这两个答案外没得选。例如，与客户约定下面谈判的时间，可以这样问：“您看我们的谈判是今天下午2点钟继续，还是3点钟谈？”很多问题都可以设计成这样的方式，尽量让对方给出一个肯定的回答。

实际上，让对方说“是”，而不是说“不”的方法还有很多，作为谈判人员，你可以在自己的谈判经历中多总结，多反省，再灵活运用，相信定会让谈判少了很多障碍，同时还会让自己占据一定的优势。

第十一章

做个不情愿的买主，让对方获得心理平衡

很多时候，谈判是输是赢，只是一种心理感受，所以，给对手赢的感觉，而将赢的结果留给自己。

做个“不情愿”的卖（买）主

谈判有道

只有让对方觉得你的让步是很艰难的，才会越接近你的理想结果。

谈判是双方利益的平衡，要想达到双赢，双方必须做出一定的让步，但是如果让步太大太多就会损坏自己的利益，所以，在谈判中就要想办法尽量使自己让步的幅度减小，同时，获取最大收益。

这个道理就好比恋爱中的男女关系，如果是男追女，起初的时候毫无疑问男方会对女方百依百顺，但是随着两个人感情的加深，女方对男方越来越好，在一些问题上也就纵容起了男方，这就是在两个人关系上做出了很大幅度的让步。

这样做的后果往往就是男方会因为女方的纵容而变得越发嚣张，所以，在恋爱中，为了保证两个人的平衡关系持久，最好还是不要做出太大的让步。

谈判也是如此。如果你一开始就给了对方很大的让步，对方只会觉得这个让步还仅仅是个开始，于是会狮子大开口，这样往往有两个结果：要么你的让步一发不可收拾，要么谈判没有办法继续进行。

特别是在价格谈判中，千万不能让对方看出你在谈判中的让步模式，那样的话，会让对方心中有数，而却会让你处于被动状态，如果你的让步价格区间是1000元，不能让对方识破，你可以在100元范围的波动与对方谈判。因为这样的幅度会使对方捉摸不透你的让步幅度，而你就占据了主动，谈判成功的几率也就很大了。也就是说，你要尽量做个“不情愿”的卖主。

只有让对方觉得你的让步是很艰难的，才会越接近你的理想结果。

一次，我国南方某市一工艺品公司作为供货方同一外商就工艺品买卖进行谈判。谈判开始后，工艺品公司谈判人员坚持800元一件，且态度坚决，而外商只出500元的价格，且亦是毫不示弱。谈判进行了两日，没取得任何进展。外商提出休息一会儿再谈一次，若再不能取得共识，谈判只能作罢。我方坚决不退让，眼看谈判即将破裂。

第三天谈判继续开始，双方商定最后阶段谈判只定为3个小时，因为没有办法破解僵局，再拖延下去只能是浪费时间。谈判进行了两个多小时仍是毫无进展。在谈判还剩下最后10分钟时，双方代表已做好退场准备了，这时工艺品公司首席代表突然响亮地宣布：“这样吧，先生们，我们初次合作，谁都不愿出现不欢而散的结局，为表达我方诚意，我们愿把价格降至660元，但这绝对是最后的让步。”

外商代表先是一惊，而后沉默了好几分钟，就在谈判结束的钟声即将敲响之时，他们伸出了手说："成交！"

这次谈判中，工艺品公司在做了最大限度的坚持后，一步到位地让步，既维护了谈判的胜利结束，也博得了对方的信任，双方不失时机地握手言和了。

这种谈判方式就是在谈判中不做出任何让步，而在最后阶段做出很小的让步，这就会让对方觉得你也是经过激烈的思想竞争做出的妥协，这样在一定程度上，有利于保证自己的利益。

相对来讲，一步到位让步是有一定风险的，而逐步让步则保险得多，在逐步让步中你可以采取一些相应的策略，来保障自己的利益。下面是讨价还价的几个要点，掌握好这些要点，就不会让讨价还价距离自己的心理预期太远，甚至可以带来额外的权益。

（1）留出商量的余地

谈判中，轻易地在某些环节做出妥协，而没有尝试争取可能获得的权益，等到了最后会发现，最难的妥协在等着你。这时的你已经无法再做让步了，因为之前你把已经能做的让步都做了，所以，要尽量为一些谈判环节留出商量的余地，避免到时退无可退，就尴尬了。

（2）退让不要一步到位

谈判中，需要做出让步时，不宜一下让到位，而要逐渐退让。这样一来，一是避免了自己的"损失"更大，二来将谈判的压力留给了对方，这种情况下，对方往往需要做出让步，或者提出新的解决方案。

（3）不妨暂停谈判

在谈判双方你来我往，讨价还价僵持不下的时候，不妨暂停谈判。这个时候暂停谈判有着积极的意义，可让双方可能已经躁动的情绪稳定下来，理清思路，重新部署，以找出新的方式将谈判继续下去。另外，还能为双方谈判桌外的接触制造对话的机会，兴许取得突破。

（4）创造多种解决方案

讨价还价阶段，当没有办法就某些条款达成一致意见时，也就是谈判进入僵局时，可以尝试创造多种解决方案。怎么做呢？比如增加可以为谈判各方带来更多利益的条款。如果这些条款恰好能够满足谈判对象的权益要求，那么就极有可能促成新的有着更高意义的协议。这样，就打破了原先讨价还价停滞不前的僵局。

（5）有条件的让步

让步是带有条件的，不是毫无要求的退让。事情往往是，如果你先说让步，再说让步的条件，那么对方往往听不进你的任何条件了，而是只想着你的让步。如果你先提出你的条件，再说出你的让步，那么对方就明白你的让步是要他付出一些代价的，他就不得不掂量一下你所提出的条件了。因此，讨价还价时，要先提条件，再说出你的让步。

（6）不越过谈判底线

让步是有底线的，而不是无原则的退让。无原则的退让只会带来伤害，付出高昂的代价，所以，谈判前要为自己设定不能触碰的一些线，谈判中，一旦对方触碰并试图跨过这些线，就要慎重考虑是不是应该放弃这次谈判。

（7）只做等额让步

所谓等额让步就是指在每一次的让步中，所做出的让步和每次让步间隔的时间是相同的。国际上将这种挤一步让一步的方式称为“色拉米香肠式”谈判让步，就是在对方的重压下只做出一点点的让步，并且不会一步让到位。

这种让步方式的好处就是减小了让步的幅度，对双方进行充分的讨价还价比较有利，取得双方利益均沾的结果。这样的方法使对方没有那么容易占到便宜，而且如果碰上了心急的谈判对手，极有可能由于对方的心急获取更大的好处。

（8）大幅度递减但略有反弹

起初拒绝让步的态度要表现得极为坚决，可以突然表示愿意让步，在让步后反而又将条件略微地上浮一些，让对方明白这是一种让步后的对抗或反攻；其后，再次做出一点小小的让步，使对方欣喜若狂、更加珍惜，从而迅速达成合作协议。

只有装作不情愿的样子，对方才会体谅你的“难处”，从而适当地放宽条件，你也才会有效地提高自己的“身价”，最终，对方赢得舒坦，你也“占到了便宜”。

把传统双赢变为创新双赢

谈判有道

竞争型谈判让互利共赢变得很难实现，往往可遇而不可求。而创新双赢一定程度上打破了这种限制，让双赢变得更容易实现。

不可否认，由于各种原因，绝大多数谈判都属于竞争型谈判，但是竞争型谈判往往导致谈判一方占得便宜，而另一方吃亏的局面，这既不符合协作共赢的社会大环境，又增大了达成共识的难度，尤其对于长期往来型的谈判，这种谈判更是因为利益的短期化而影响了双方长期合作的关系。

所以，竞争型谈判让互利共赢变得很难实现，往往可遇而不可求。看下面的例子：

甲和乙就一个橙子的分法进行谈判。甲说，我来切。乙是说："不行，你会切一大一小，你占便宜。"甲说："那我也不同意你切，因为你也会切一大一小，我也不信你。"

两人争执不下，闹得脸红脖子粗。

旁观的一个聪明人出了个主意：甲来切，乙来分。

这看似公平合理，但实际上却不是，因为虽然过程很公平，但是结果却不会公平，甲和乙肯定会有一方认为自己吃了亏。

双赢应该让双方都有一种满足感和快乐感才说得通。那么，如何才能让谈判公平，让甲和乙感到满意呢？实际上，要想达到让谈判双方甲和乙都满意的双赢并不难，只要深入挖掘对方所需，然后拓展思维，创新途径，就可以办得到。

如果甲和乙都同意要橙汁，那么可以把橙子榨成汁，然后平均分配橙汁就可以了。通常，甲和乙都能接受这样的双赢。

如果甲向乙表明自己只想要橙皮用来制作香料。而乙则想要橙肉制作橙汁，那么让甲得到完整的橙皮，而让乙得到完整的橙肉就可以了，各取所需，甲乙双赢。

如果甲乙都想要橙肉或者橙皮，可以让一方甘愿放弃，怎么做呢？具体情况具体做法，举例来说，甲对乙说，如果你把橙肉让给我，那你欠我的苹果就不用换了。乙想也可以，这样自己就不用花钱买苹果了，于是同意了甲的请求。

再比如，甲对乙说，你比我有肚量，这次你让我，下次再有这样的事，我再让你。乙想，甲都这样说了，我也做个顺水人情，再说下次自己可能会得到更多，让他这次又何妨，因此也就痛快地答应了对方的请求。

可能还有其他状况，但无论哪种状况，解决分歧点的导向都是实现让甲乙双方都能接受的双赢。这种双赢与传统的双赢不同，它属于一种创新双赢，是双赢的新手法。

综合来看，创新双赢有下列几种常见形式：

（1）妥协双赢

这种解决谈判的分歧方式比较常见，比较适用于那些谈判双方分歧不大，难度也不大的谈判。它的特点是谈判双方从各自的起点让步，逐步妥协，向中间靠拢，最终找到让彼此都能接受的平衡点。上个例子中，如果甲和乙各让一步，最终达成妥协，那么就属于妥协双赢。

（2）差异双赢

这种形式的谈判是在谈判各方无法取得妥协双赢的情况下，对谈判各方的诉求进行深度挖掘，然后就各方的"优先级差异"予以适当满足，最终取得各方满意的谈判形式。这种谈判形式的基础之一在于谈判各方的诉求往往都不是单一的，都有着诉求优先级。说简单一点就是，满足各自所需。上个例子中，甲要橙皮，而乙要橙肉，各自满足所需就可以了。

（3）心理双赢

这种双赢就是采取某种做法给谈判对方制造了极大的心理满足，让对方心甘情愿做出让步。上个例子中，甲和乙的最后一种谈判形式就属于心理双赢形式。

（4）整合双赢

上述几种谈判形式都无法取得突破，谈判各方分歧严重，无法取得统一意见，这时，可以考虑将蛋糕做大，充分挖掘你和谈判对手之间在多个方面的利益往来，比如谈判外的合作、个人交往、现在和以后的再合作，等等，通常，蛋糕越大，就越能破解谈判僵局，促成合作，这就是整合双赢。总之，就是要设法增加各方的价值，促成更大的合作意向。

整合谈判适合于谈判双方手里有可以影响对方的筹码，可以切割双方合作中的各项要素，然后用加减法进行交换，整体来谈。

综合看上述四种创新谈判形式，它们都有可以让谈判双方能够接受的特点，具体使用那种谈判形式，需要根据具体情况采取相应的谈判形式。

提出高要求，接受“坏”结果

谈判有道

如果你提出了远远高于对方的要求，那么对方就会在谈判中尽最大的努力让你减少自己的要求，而你要勉为其难做出小让步。

谈判中，提出夸大的要求，逼迫对方做出选择，然后再勉为其难地做出让步，最终勉强接受最后的结果，这会让对方获得一定的心理平衡，同时也会让自己得到较多的利益。

你的初步要求越高，那跌到最低要求的速度就慢一些，可能也小一些。比如你在一间餐厅就餐，对一道菜品不满意，虽然你只需要餐厅不收取这道菜的费用就可以了，但是你却要求对方取消全部的账单，这样，你最终得到的结果往往会比不收取那道菜品的费用更优惠一些。

这就是在谈判中提出夸大要求的妙处，你可以在接下来的谈判中勉为其难地做出让步。这样的行为会给对方造成谈判艰难的印象，却为自己保留了尽可能大的利益空间。并且，你的勉强虽然表面上让对方觉得你已经屈就对方了，他暗呼已经赢了，实际上你已经拿到了比自己预想中更大的利益。

这里有一个需要注意的问题就是，如果你对自己的谈判对手了解得越少，就越应该在谈判开始提出尽可能多的要求。

约翰·布罗德福特律师来自得克萨斯州的阿马利诺，他曾讲述了这个原理。他正为一名想买一处不动产的买家做代理，虽然他已想出了一个方法，但是他认为："我要看看罗杰（著名谈判专家）的'提出比你想要得到的更多的要求'的原则是怎样运行的。"因此，他很任性地向卖方提出几十条要求。其中一些要求在他看来，甚至是很荒谬的，他自己认为至少有一多半的要求可以立即删除。但是让他惊奇的是，卖方只对其中一段中的一句话提出了强烈的反对。即使这样，约翰并没有立即让步，他坚持了几天，最后时刻勉强接受了结果。虽然只在众多的要求中只删去了一句话，但是卖方仍感觉到自己取得了谈判的胜利。

这就是提出更多要求带来的好处，商业谈判中也是如此，你向对方要求得越多，很少有人会觉得你太荒唐，只会在接到的条件面前尽自己最大努力争取最好的结果，这样一来，你就占据了主导地位。

也许有些没有经验的谈判人员不敢在谈判中提出过多的要求，害怕把自己的对手吓跑。但是很有可能你不敢提出更多的要求，就会制造一个僵局，对方会在本来你的最低要求基础上继续逼你降低要求，这样一来，你就真的没有什么退步的空间了，同时你很希望和对方完成这笔交易——这样，僵局就出现了。

有能力的谈判家会告诉你，不要害怕在谈判中提出夸大的要求，因为这样的要求往往能让对方感觉自己获胜了。如果你提出了远远高于对方的要求，那么对方就会在谈判中尽最大的努力让你减少自己的要求，在这个过程中，你一定要注意不能一下子降到对方的要求，要一点儿一点儿做出十分勉强的让步，让对方在感觉你已经无可再让的情况下答应自己的要求，他们就会感觉自己取得了胜利。

往往有一些销售人员会想“如果我要求太多，他们只会嘲笑我。”实则不然，越多的要求越会让对方觉得这个合作得来不易而倍加珍惜。

不难理解，你的夸大要求不是为了和对方较劲，而是为自己争取更大的谈判空间。如果作为销售人员，你向顾客要的价格只能是不断降低，而不会升高，这就要在一开始要一个高价。如果你是买家，你要的价格只能不断升高，而不是降低，这就要在一开始就给出一个很低的价格。这样做的目的是为你的降价和涨价留有一个很大的空间。

这样，你就会让对方觉得他已经把你的利益空间挤到最小了，你的勉为其难会让他很有成就感，这样有利于谈判成功。

如果你没有在一开始就为自己要一个好的条件，就很难说对方会在完全不知情的情况下还会给你一个好的条件。可以说是这种提出很多要求的策略为你赢得了谈判中的灵活性。你的初期主张可能不会令对方接受，或者你的态度很强硬，你就可以先不开始谈判，等待对方的反应，一般情况下，对方很少出现“那我们没有什么好谈的了”这种情况，而是在你的要求基础上谈判。这样，你获得利益的机会就来了。

无论输赢，都要祝贺对方

谈判有道

谈判结束后，不论对方表现怎么样，你在最后祝贺对方，都会让对方产生一种心理上的满足感，以此弥补谈判中的心理失衡。

谈判是双方利益的博弈，谈判双方都在为自己争取最大的利益，所以在谈判结束的时候，你一定要让对方感到从你这里已经获得了最大的利益，所以一定要祝贺对方。

这也就是说，无论在谈判的时候你是否获得了比自己预期更好的合作条件，无论对方在谈判中的表现有多糟糕，在谈判结束的时候你一定要恭维对方，祝贺对方赢得了这场谈判，一是避免对方出现失落的情绪，为下次合作铺垫一个好的情感基础。二是有可能扭转“战机”，促进局面改观。

或许这一小小的细节对你来说是微不足道的，但是假如能让对方觉得你做出最后的决定损失巨大，让对方觉得自己赢得了这场谈判，从你手里获得了最大的利益，往往会让对方失去理智的判断，以为自己赢得了这次谈判。

几年前，科恩去墨西哥旅游。在炎热的天气下，他发现前方有个小贩身上竟套着一大叠披肩在高声叫卖："1200比索！"

科恩从来就对披肩不感兴趣。于是，他继续向前走。

"大减价，1000比索啦。"

见鬼！科恩转身离去时，小贩的脚步声居然伴随他左右。小贩的声音在他耳边一遍又一遍地响起："800比索、800比索。"

为了摆脱小贩的纠缠，科恩开始大步向前奔，但是小贩却紧跟着他不放，而且要价已经下跌到600比索了。当科恩通过十字路口，庆幸甩掉了小贩的纠缠时，耳边又听到小贩拖拉的脚步以及熟悉的叫卖声："先生，先生，400比索。"

这时汗流浃背、又累又渴的科恩对小贩厌烦无比，于是咬牙切齿地说道："告诉你，我绝对不会买你的披肩，别再跟着我!"

"好吧，算你赢了。"满脸流汗的小贩回答道，"只卖你200比索。"

"你说什么?"科恩对他自己的反应也吃了一惊。

"200比索。"小贩重复道。

"好吧!让我看看你的披肩。"出乎意料地，科恩对小贩说。既然不喜欢披肩，为什么又关心价格呢？科恩想自己那时真是鬼使神差了。但小贩从1200比索降到200比索，他实在不知道自己有什么魅力，竟让小贩对他如此情有独钟，这么热的天紧追不放，把价钱降了1000比索。

虽然浑身是汗，科恩还是将披肩披在身上，得意扬扬地走进旅馆，兴奋地冲太太喊道：“嘿，你看我买了什么?”

得知事情的原委后，他的妻子轻蔑地说：“嘿，真有意思，我买了件和你相同的披肩，只要150比索，就挂在柜子里。”

顷刻间，科恩颜面扫地。

在这个谈判的过程中，精明的小贩利用科恩好胜和虚荣心强的心理，以一句“你赢了”抓住了科恩的兴趣，推销出了自己的披肩。

任何一个谈判人员都不希望自己的谈判是失败的，即使是谈判新手也是如此，所以，谈判结束的时候要让对方感觉良好，觉得自己赢得了一场谈判。这对于促进你们之间的持续合作大有好处。可能有人会说了，既然对方没有赢得谈判，又为什么还要祝贺对方呢？难道让对方感觉胜利了那么重要？

没错，是的，让对方感觉自己赢了真的很重要。作为复杂的人类，除了物质上的需求，还有一种需求是心理上的。显然，在谈判中不可能答应对方的所有条件和要求，这样对方难免会产生失落的情绪，觉得自己没有很好地完成谈判。这个时候，不论对方表现怎么样，你在最后祝贺对方，都会让对方产生一种心理上的满足感，以此弥补谈判中的心理失衡。

此外，谈判的过程必定是艰难的过程，双方都在尽力维护自己的利益，如此这般紧张地争取结束谈判，如果你能在最后时刻恭喜对方赢得了谈判，他会觉得自己在谈判中锲而不舍的努力没有白费，正是他自己的坚持才赢得了这场谈判。

这样做，彰显了你的大度和豁达，给足了对方面子，即使对方知道你说的可能不完全是真心话，但是他还是愿意相信。你的话让他脸上很有光，即使谈判结果离自己的预期可能还有一定的差距，但是因为你的肯定让他很受用，很有可能下次他还会考虑跟你的合作。

成功的谈判不是你的所有需求都得到满足，而是在自己利益满足的情况下，也让对方相信自己的需求得到了满足。这也是双赢的一种。

说对结束语，留下好印象

谈判有道

结束语说得好，能够给对方留下深刻的印象，就会增加下一次的合作机会。

人们常用“虎头蛇尾”来形容做事开始劲头足、气势大，后来逐渐失去了气势，有始无终，做事不始终如一。用在说话方面，就是指说话只注重开头，忽视结尾，这样说话说的是不完善的话。这在谈判中是很忌讳的。和他人谈判，说好了开头，能够争取到继续谈判的机会，说好了结尾，给谈判画上一个完美的句号，还能争取下次的合作机会。

心理学研究发现，在一个事情从发生到结束的整个过程中，开头和结尾给人的印象最深刻，往往能够左右人的记忆。这个心理特点在谈判中同样存在。

一天，小艾的同事到她家来做客，两人谈得非常投机。可是当同事告辞出去，刚跨出她家的大门，她便“砰”的一声把门关上了。这让同事的心理顿时升起一股凉意，从那以后，她见了小艾便绕着走了。

其实，不管是谁遇到这种情况，心里都不免会凉半截，郁闷半天。也许小艾是无心的，无意冒犯了同事，可是对同事而言就不一样了，心中总会有所猜疑，原本畅谈甚欢的兴致，也就被那“砰”的一声一笔勾销了。

俗话说得好“编筐编篓，重在收口”，结束得好才是一个完美的结局。在谈判过程中，分手时的印象足以左右整个会面的结果，是成功还是失败，最后一刻的表现尤为重要。

一般，人们在谈判结束的时候会采取“再见”“再会”“有时间再联系”等作为结束语，但是这样的结束语太平淡了，难以给对方留下深刻的印象，在下次有合作机会的时候，对方很难会首先想起你。所以，很有必要提高重视我们的谈判结束语。

如果和对方谈判结束的时候，觉得谈判的内容有欠妥的地方，或者希望内容仅限于谈判的双方知道，在谈判结束的时候就要关照对方对这次谈判的内容最好能够保密，可以这样说：“比尔先生，刚才我说到的一些话，有些是很不成熟的看法，鉴于咱们的良好合作关系我才讲的。我觉得这些话还是没有必要让除了你我之外的第三者知道，以免引起不必要的麻烦。”

这样的结束语，能够提醒对方要注意防患于未然，这样“交心”的嘱托能使对方认为你是更信任他的，能够促使双方建立互相信任、共同承担责任的合作关系。

感谢式的结束语会让对方心理有一种满足感，可以这样说："感谢贵公司的合作意向，相信我们的合作定会愉快的！"

另外，在谈判结束的时候，要表现出自己的热情，不能让对方产生合作这一次，自己就没有了利用价值的想法。所以不论谈判过程多么紧张、多么艰难，在谈判结束的时候都告诉对方："真是荣幸，以后就多了一个贵公司这样的合作伙伴，请把我们当作朋友，下次经过这里，一定要上来坐坐。"

这样邀请对方的结束方式，虽然听起来免不了客套的俗气，但是对于陌生人来说，往往最能获得对方的赞同，给对方留下一个好的印象，获得对方的认同，为下次合作埋下伏笔。可见，谈判的结束语并不是可有可无，也并不是无关紧要的，而是十分必要且重要的。

结束语说得好，能够给对方留下深刻的印象，就会增加下一次的合作机会。结束语说得不好很有可能会毁掉在对方心中辛苦建立的好形象，之前的所有努力都有可能白费，下次的合作就更别奢望了。所以，高明的谈判者都十分重视谈判的结束语，并用心说好结束语，不让谈判对手挑出自己在这方面的不足。

一定要注意这样的情形发生：也许你在这次谈判中获得了比你想象的更多的好处，但是切不可产生傲慢的情绪，让对方觉得自己好像被你打败了。如果这样的话，对方很可能产生自己上当受骗的感觉，会勃然大怒，不仅订单可能取消，还会影响以后的合作，这样的损失就巨大了。